後田 亨
永田 宏

いらない保険

生命保険会社が知られたくない「本当の話」

講談社＋α新書
プラスアルファ

はじめに

「人生100年時代」は、誇張ではなく現実です。本書の序章に詳しいように、現在50歳以下のひとたちは、すでに人生100年時代に突入しつつあり、60代のひとでも90歳を超えて生きる可能性が高いからです。

老後が長くなることから、「入院・がん・介護など、加齢とともに高まるリスクに、一生涯の保障がある保険で備えたい」「国の年金だけでは不安だが、投資は怖い。保険でお金をふやせないだろうか」などと考えるひともいるでしょう。

しかし、どちらもありがちな間違いです。本書に登場する保険の商品設計に関わってきた専門家は、「老後の病気などには『健康保険』が一番」と断言します。大手生保の管理部門で、もうじき定年を迎えるひとも「保険が必要なのは、自立していない子供がいる世帯主の死亡保障くらい」と言います。筆者も同感です。

実は検討に値する保険は、数えるほどしかありません。保険は、現役世代の急死のような

「稀《まれ》に起こる重大事」への備えに有効なのであって、加齢により発生しがちな事態に、手ごろな保険料で十分に備えられるはずがないからです。

また、「一生涯の保険」もあてになりません。たとえば「数十年後の自分やトレンドに合う服を、今、選べるだろうか？」と考えてみてほしいのです。時代が変わっても契約内容が変わらないことは、大きなリスクなのです。

それから、「投資は避けたい」と考え、保険で積み立てや運用を行うのも愚行です。保険会社は主に長期の債券でお金を運用しているので、保険会社に破格の手数料を払って債券投資をするようなことになるからです。貯蓄どころか「不利な投資」です。

相対的に条件が良い「確定拠出年金」や「つみたてＮＩＳＡ」といった制度を利用したり、保険会社を介さずに「個人向け国債」などを買うほうが賢明なのです。

読者のみなさまが、このような情報に接する機会は限られているかもしれません。大手メディアのスポンサーである保険会社にとって都合が悪い事実を伝えるのは、一部の雑誌やＷｅｂ媒体くらいですし、営業担当者や代理店への教育も販売促進情報の提供に偏《かたよ》っているからです。

では、どうしたらいいのでしょうか。答えの大半はすでに書いてしまいました。「長い老後が不安だから……」と浮き足立ったりしないで、「健康保険などの公的な保障制度を理解し、保険加入を最小限にする」のです。

筆者は「保険をよく知るひとほど保険に入らない」という事実を、過去十数年にわたり、繰り返し発信してきました。面白いことに、情報を発信していると情報が増えます。

とくにありがたかったのは、保険相談にいらした医療関係者から、「がんに罹《かか》っても、通常、費用負担は50万円程度です」「先進医療は効果が証明されていない実験的な医療に過ぎません。保険会社の商売に利用してほしくない」といったお話を聞く機会が増えたことです。「保険会社が流布《るふ》していない情報を持っていると、保険の見え方が変わる」と実感することになったのです。

今回、永田《ながた》宏《ひろし》さんに共著の執筆をお願いしたのも、広告等では触れられていない事実や見解を語っていただくためです。永田さんは、長浜バイオ大学教授として医療情報の分析を行い、民間の医療保険のあり方の研究もなさっています。『販売員も知らない医療保険の確率』（光文社ペーパーバックス Business）という名著も上梓されています。

永田さんの原稿には、たとえば「終身医療保険」に関する見解など、（いい意味で）身もふたもない知見が数多く含まれています。民間の保険は、老後の問題などを解消する「魔法の杖《つえ》」ではないことが、あらためて分かるのです。

保険の限界を知ることで、大半の読者のみなさまは、保険料を大幅に削減できると思います。不安を喚起《かんき》する情報に惑《まど》わされにくくもなるでしょう。

本来、長寿化は歓迎すべきことに違いありません。本書が発売されるころ60歳になる筆者は、「昔のひとより『放課後』の時間が長くなるのだ、それだけ楽しめるだろう」と受けとめています。

また、現役で働く期間を延《の》ばすことで、その時々の年齢なりに、他人様の役に立てる機会もあると思っています。本書が、読者のみなさまにとって有用な一冊になれば何よりです。

2019年2月

後田《うしろだ》 亨《とおる》

◉目次

第2章　がん保険の「ストーリー」にだまされるな

第3章　介護保険に勝る現実的方策

第4章　貯蓄・運用目的の保険はいらない

第5章　結局、「保険」をどうすればいいの？

序　章　その保険、本当に頼りになるの？

保険戦略を見直すべき

老後の医療費、介護費用や生活費を確保する目的で、民間のさまざまな保険に加入しようと思っているひとや、すでに入っているひとが大勢います。しかしその保険、本当に頼りになるのでしょうか？

たとえば終身医療保険です。

60歳ないし65歳で保険料を払い終わりにすれば、老後の備えに最適と思ってはいませんか。しかし保険の契約書の中身は、時代がどう変化しようとも、一字一句たりとも変化しません。

今や「人生１００年時代」といわれるようになりました。50歳以上のひとの大半が、まさか自分たちが関わる話だとは思っていません。しかし、50歳のAさんが終身医療保険に加入したとしても、実際に保障が必要になるのは30年後、40年後かもしれません。その間に医療そのものが大きく変わってしまうはずです。

保険は、契約した時点で保障内容が決まってしまい、約款《やっかん》に書かれていないことには対応してくれません。「保険は陳腐化《ちんぷか》する」という現実を意識する必要があります。

あなたのゴールは何歳？

あなたは今、何歳ぐらいを人生のゴールだと考えているでしょうか。男性なら75歳から80歳、女性でも80歳から85歳ぐらいでしょうか。90歳以上と答えるひとは少数派ですし、100歳以上というひとは、ほとんどいないはずです。

一方、厚生労働省が発表した2017年の日本人平均寿命は、男性約81・1歳、女性約87・3歳でした。

もちろんみなさん、それはよくご存じです。しかしそれでも「自分は例外だ」と思っているのです。

自分には持病がある。
若いころ不摂生《ふせっせい》していた。
タバコがやめられない。
短命の家系だ。

理由はいくらでも付けられます。

しかし残念ながら、それらの理由は大きな影響力を持ちません。みなさんの多くは、想定年齢を大幅に超えて生き続けることになるのです。

90年以上生きるのは確実

ところで「平均寿命」とは何でしょうか。定義によれば、今年生まれた0歳児が、今後何年生きられそうかを、各歳の死亡率をもとに計算した数字です。計算式もしっかりと定義されています。

「平均余命」という言葉もあります。たとえば50歳男性の平均余命とは、存命中の50歳のひとがあと何年生きられそうかを、50歳以上の各歳の死亡率に基づいて計算したものです。ですから、平均寿命は「０歳児の平均余命」と言い換えることもできます。

計算に用いる各歳の死亡率は、現在の数字に過ぎません。ところが予防や医学の進歩によって、死亡率は毎年少しずつ改善されています。そのため平均寿命も平均余命も少しずつ延《の》びているのです。

なんだか漠然とした説明になってしまいました。もっと単純に考えることにしましょう。

１９６７年生まれの男性を例にします。仮にＡさんとしましょう。Ａさんは（生存していれば）２０１７年に50歳になりました。一方、２０１７年における男性の平均寿命は、先ほど書いたように、約81・1歳でした。平均寿命が変化しないとすれば、Aさんはあと31年生き続けると（つまり81歳に到達すると）平均寿命にほぼ追いつくことになります。

ところが平均寿命は延び続けています。過去30年間で、男性0・18歳／年、女性0・2歳／年の割合で延びています。そこで、今後もこの割合で延び続けると仮定すると、Aさんが81歳になった時、平均寿命のほうは、なんと86・7歳になっているのです。ですから、Aさんが「自分の人生は81歳ぐらい」と思って老後の準備をしていると、途中で資金がショートするなど、困った事態に直面することになるのです。

では、Aさんが「逃げる平均寿命」に追いつくのは何歳の時でしょうか。計算してみると87・9歳という結果になりました。ですから、ややこしい定義は脇《わき》に置いて、「1967年生まれの男性の平均寿命は87・9歳」と言ってしまっても、さほど間違いではありません。というよりも実用上はこちらのほうが分かりやすく、役に立ちます。

同様に1967年生まれの女性の平均寿命は94・9歳、1980年生まれの男性の平均寿命は90・8歳などとなります。

50%生存年齢を見る

しかし、それで安心してはいけません。平均寿命は「同い年のひとが半分に減る年齢」と思っているひとが結構います。平均という言葉に惑《まど》わされているのです。ところが実際には、「平均寿命≒60％生存年齢」となっています。若年で亡くなるひとが、全体の平均を押し下げているのです。

同い年のひとが半分になる「50％生存年齢」は、「平均寿命＋約3歳」です。また4分の1になる「25％生存年齢」は、「平均寿命＋約9歳（女性は約8歳）」となります。

以上のことをもとに、各年齢における平均寿命、50％生存年齢、25％生存年齢を計算すると、19〜20ページの表のようになりました。

先ほどのAさんの例でいうと、50％生存年齢が90・9歳、25％生存年齢が96・9歳です。Aさんが自分の健康に気を遣《つか》うひとなら、順調に97歳以上まで生き続けたとしても不思議ではありませんし、１００歳超えも夢ではありません。

またAさんには同い年の奥さん（B子さんとしましょう）がいるとすると、B子さんの25％生存年齢はなんと１０２・９歳です。大病さえしなければ、１００歳を超える可能性はかなりありそうです。

もちろん、これは単純な予想に過ぎません。しかし、今や世界中の科学者が、人間の寿命を延ばすことを目指した研究にしのぎを削っています。長生きのための生活習慣や食事・栄

男性は何歳まで生きるのか？

生まれた年	平均寿命（歳）	50% 生存年齢（%）	25% 生存年齢（%）
1997 年	94.5	97.5	103.5
1996 年	94.3	97.3	103.3
1995 年	94.1	97.1	103.1
1994 年	93.9	96.9	102.9
1993 年	93.6	96.6	102.6
1992 年	93.4	96.4	102.4
1991 年	93.2	96.2	102.2
1990 年	93.0	96.0	102.0
1989 年	92.8	95.8	101.8
1988 年	92.5	95.5	101.5
1987 年	92.3	95.3	101.3
1986 年	92.1	95.1	101.1
1985 年	91.9	94.9	100.9
1984 年	91.7	94.7	100.7
1983 年	91.4	94.4	100.4
1982 年	91.2	94.2	100.2
1981 年	91.0	94.0	100.0
1980 年	90.8	93.8	99.8
1979 年	90.6	93.6	99.6
1978 年	90.3	93.3	99.3
1977 年	90.1	93.1	99.1
1976 年	89.9	92.9	98.9
1975 年	89.7	92.7	98.7
1974 年	89.5	92.5	98.5
1973 年	89.2	92.2	98.2
1972 年	89.0	92.0	98.0

生まれた年	平均寿命（歳）	50% 生存年齢（%）	25% 生存年齢（%）
1971 年	88.8	91.8	97.8
1970 年	88.6	91.6	97.6
1969 年	88.4	91.4	97.4
1968 年	88.1	91.1	97.1
1967 年	87.9	90.9	96.9
1966 年	87.7	90.7	96.7
1965 年	87.5	90.5	96.5
1964 年	87.3	90.3	96.3
1963 年	87.0	90.0	96.0
1962 年	86.8	89.8	95.8
1961 年	86.6	89.6	95.6
1960 年	86.4	89.4	95.4
1959 年	86.2	89.2	95.2
1958 年	86.0	89.0	95.0
1957 年	85.7	88.7	94.7
1956 年	85.5	88.5	94.5
1955 年	85.3	88.3	94.3
1954 年	85.1	88.1	94.1
1953 年	84.9	87.9	93.9
1952 年	84.6	87.6	93.6
1951 年	84.4	87.4	93.4
1950 年	84.2	87.2	93.2
1949 年	84.0	87.0	93.0
1948 年	83.8	86.8	92.8
1947 年	83.5	86.5	92.5

女性は何歳まで生きるのか？

生まれた年	平均寿命（歳）	50%生存年齢（%）	25%生存年齢（%）
1997年	101.1	104.1	109.1
1996年	100.9	103.9	108.9
1995年	100.7	103.7	108.7
1994年	100.5	103.5	108.5
1993年	100.3	103.3	108.3
1992年	100.1	103.1	108.1
1991年	99.9	102.9	107.9
1990年	99.7	102.7	107.7
1989年	99.4	102.4	107.4
1988年	99.2	102.2	107.2
1987年	99.0	102.0	107.0
1986年	98.8	101.8	106.8
1985年	98.6	101.6	106.6
1984年	98.4	101.4	106.4
1983年	98.2	101.2	106.2
1982年	98.0	101.0	106.0
1981年	97.8	100.8	105.8
1980年	97.6	100.6	105.6
1979年	97.4	100.4	105.4
1978年	97.2	100.2	105.2
1977年	97.0	100.0	105.0
1976年	96.8	99.8	104.8
1975年	96.6	99.6	104.6
1974年	96.4	99.4	104.4
1973年	96.2	99.2	104.2
1972年	96.0	99.0	104.0
1971年	95.8	98.8	103.8
1970年	95.6	98.6	103.6
1969年	95.3	98.3	103.3
1968年	95.1	98.1	103.1
1967年	94.9	97.9	102.9
1966年	94.7	97.7	102.7
1965年	94.5	97.5	102.5
1964年	94.3	97.3	102.3
1963年	94.1	97.1	102.1
1962年	93.9	96.9	101.9
1961年	93.7	96.7	101.7
1960年	93.5	96.5	101.5
1959年	93.3	96.3	101.3
1958年	93.1	96.1	101.1
1957年	92.9	95.9	100.9
1956年	92.7	95.7	100.7
1955年	92.5	95.5	100.5
1954年	92.3	95.3	100.3
1953年	92.1	95.1	100.1
1952年	91.9	94.9	99.9
1951年	91.7	94.7	99.7
1950年	91.5	94.5	99.5
1949年	91.3	94.3	99.3
1948年	91.0	94.0	99.0
1947年	90.8	93.8	98.8

養の謎が次々と解明されていますし、老化を遅らせる医薬品の開発も進められています。ですからこの先、表に示した寿命がもっと延びる可能性はあっても、縮《ちぢ》む可能性は低そうです。

現在50歳以下の人たちは、すでに人生１００年時代に突入しつつあるということです。また60代のひとでも、90歳を超える可能性が大ですし、とくに女性では１００歳を超えるひとが続々と出てきます。

人生１００年時代に合わない商品

こうした長寿の時代においては、そもそも保険という仕組みそのものが適しません。

保険とは、本来はめったに起きないが、一度起きてしまうと個人では負《お》いきれない経済的リスクを、多数の人間に分散して支え合うというものです。ところが病気や介護は、年齢が上がるほどリスクが高まります。極端に言えば、リスクだらけです。だから保険会社としては、高齢者向けの商品の保険料をどんどん上げるか、保障内容を減らすしかないのです。

しかも、保険会社はボランティアでやっているわけではありません。当然ながら、顧客から集めた保険料のなかから、経費や利益として何割かを抜いています（22ページの図を参照）。

保険料の内訳

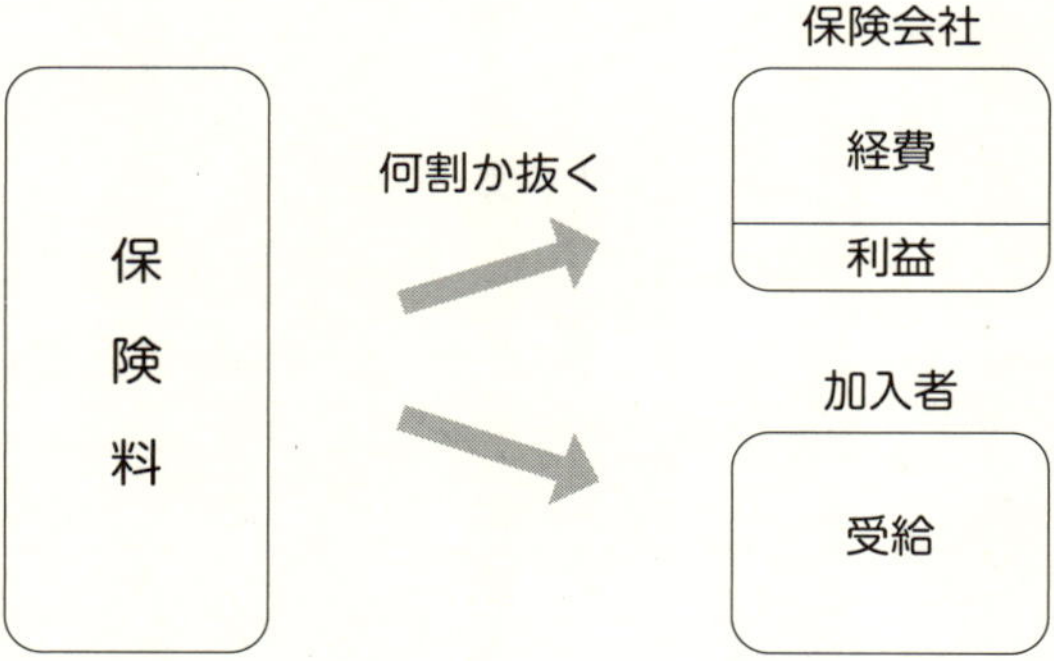

もともと保険の仕組みに馴染《なじ》まない老後の保障を、保険会社の経費や利益まで負担して確保するのは賢明でしょうか？

今の保険の多くは、老いに対して我々が抱いている漠然とした不安心理に付け込んだものだと思います。しかも情報が保険会社からの一方通行に制限されているため、一般の消費者が合理的判断をしづらいようになっています。

しかし、いつまでも「いいカモ」で居続けるわけにはいきません。今こそ保険を根本的に見直し、要らない保険を捨てて身軽になる時機に来ているのです。

本書をそのための参考にしていただくことが、筆者らの切なる願いです。

第１章　最強の保険は健康保険

民間保険におすすめはない！

「同世代の友人や知人たちに『これから、保険はどうしたらいい？』と尋《たず》ねられた時は、『健康保険だけでいい』と伝えることにしています」

複数の保険会社で、商品設計関連の仕事を続けてきた方に話を聞いたところ、こう断言されました。

この方は、定年が近い会社員の知人からよく相談されるのだといいます。

「子供は自立したし、葬儀代くらいの蓄《たくわ》えはあるので、万が一に備える保険は不要かもしれない。でも、入院する機会などはこれから増えるはずなので、『医療保険』はしっかり入っておきたい。おすすめがあったら教えてほしい――」

そこで前記のように、「健康保険だけで大丈夫、民間の保険でおすすめなどない」と返答すると、戸惑うひと、落胆《らくたん》するひとも少なくないそうです。

そのため、「僕の会社の保険だって、50代から入ると保険料が高くてたまらない。少なくとも僕は入っていないし、これから入るつもりもないよ！」と説明を続けて、納得してもらうとのことです。

あらためて考えさせられるのは、「加齢とともに入院する機会が増えるはずだから、医療保険で備えよう」という判断は〝短絡的《たんらく》〟だということです。

気持ちは分かるのです。「体が弱ってくる老後こそ、保険に守られたい」と思うのは、自然なことでしょう。

ただ、「入院しがちになるひとが、手ごろな保険料で手厚い保障を持てるわけがない」と考えなくていいのでしょうか。民間の保険では、保険料から保険会社の諸経費等を引いた残りのお金が給付に回るので、どこまでも「保険料負担＞受給」なのです。「高齢になれば給付を受ける機会は増えるだろう。とはいえ、負担はそれ以上に増える。そうでなければ保険会社が破綻《はたん》する」と冷静に考える必要性を感じます。

さらに一歩踏み込んで、保険会社が、一般のひとたちが短絡的な選択を行いがちであることを、商売に利用している可能性を疑ってみてもいいでしょう。

医療保険関連では、たとえば「持病があっても入れる！」などと宣伝している時点で、「怪《あや》しい」と考えられそうです。「加入条件が甘いぶん、保険料が高いか、保障内容が限定的か、あるいは両方ではないか……？」などと、一歩立ち止まってみることができるはずなのです。

なにより欠かせないのが、健康保険への理解を深めることでしょう。民間の保険についてよく知るひとは、「最強の医療保険があるとしたら健康保険」だと口を揃《そろ》えます。筆者も同感です。

そこで本章では、そもそも個人レベルで医療費の負担はどれくらい見込んでおくといいかに始まり、健康保険の保障内容を踏《ふ》まえたうえで、民間の医療保険の利用価値を考えていきたいと思います。

大病でも医療費は最大３００万円

大病をすると莫大《ばくだい》な医療費の負担を強《し》いられる――。

そう思い込んでいるひとの、なんと多いことでしょう。だからこそ、医療保険に入ろうとするひとが後を絶たないのです。

しかしちょっと思い出してみてください。ただのカゼで医者にかかった時、いくらぐらい払いましたか。数百円からせいぜい千数百円だったはずです。調剤薬局で払う薬代を加えても、多くて2000〜3000円くらいなものでしょう。まさか、その支払いのために医療保険に入ろうと思うひとは、いませんよね。

では、「莫大な医療費」とは、いったいいくらぐらいを指すのでしょうか。アメリカで子供に心臓移植を受けさせようとすると、1億円以上の費用がかかるといわれています。さすがにこれは「莫大」といっていい金額です。でも、これはごく稀《まれ》な例外に過ぎません。そもそも健康保険がまったく利《き》かないアメリカでの話です。日本国内で、「健康保険の範囲内」で医療を受ける限り、どんな重病に罹《かか》っても、そこまでお金がかかることはまずありえません。

試しに計算してみましょう。

厚生労働省は、疾病《しっぺい》別の入院日数などをまとめた「患者調査」を3年ごとに実施し、インターネットに公開しています。現在入手できる最新のものは、2014年版です。そこで糖尿病、白内障《はくないしょう》、虚血性心疾患《きょけつせいしんしっかん》、脳梗塞《のうこうそく》の年齢別平均入院日数を調べてみましょう。40歳以上の数字を表にまとめました（29〜30ページ参照）。

40歳未満のひとは、（インシュリン依存《いぞん》型の「I型糖尿病」を除けば）これらの病気で入院するリスクはかなり低いので、あまり心配する必要はありません。

虚血性心疾患とは、急性心筋梗塞《しんきんこうそく》や狭心症《きょうしんしょう》の総称で、命の危険がもっとも高い病気の一つです。また脳梗塞は、いまでは直接の原因で亡くなるひとは減っていますが、重い後遺症が残るなど、深刻な病気です。

このなかでは脳梗塞の入院がもっとも長いのですが、40代では1ヵ月程度、50代でも40日前後です。しかし年齢が上がると長くなり、75歳以上では4ヵ月に届こうかという長期入院になります。

しかしその他の病気は、驚くほどの長さではありません。怖い虚血性心疾患でも、75歳未満なら平均1週間以内で退院できるのです。また、白内障は今では日帰り手術も十分可能です。

次に、やはり厚生労働省が公開している「医療給付実態調査」という統計を見てみましょう。そのなかに、年齢別・疾病別の医療費の数字が掲載されています。これらの数字を使って、入院1日当たりの平均医療費を計算することができます。

表をご覧になれば分かるとおり、1日当たりの医療費は、年齢によってあまり違いはあり

疾病別・年齢別医療費

	糖尿病			
年齢	平均入院日数（日）	1日当たり医療費（円）	1回の入院にかかる総医療費（円）	患者負担額（円）
40~44歳	14.6	32,501	474,517	142,355
45~49歳	15.9	32,026	509,212	152,764
50~54歳	17.9	31,463	563,187	168,956
55~59歳	21.2	30,839	653,780	196,134
60~64歳	26.5	30,195	800,167	240,050
65~69歳	21.1	30,157	636,311	190,893
70~74歳	28.1	28,968	814,006	162,801
75歳以上	65.2	23,017	1,500,739	150,074

	白内障			
年齢	平均入院日数（日）	1日当たり医療費（円）	1回の入院にかかる総医療費（円）	患者負担額（円）
40~44歳	1.3	71,842	93,395	28,018
45~49歳	2.1	80,044	168,091	50,427
50~54歳	1.9	78,755	149,635	44,890
55~59歳	2.0	77,855	155,710	46,713
60~64歳	2.1	78,447	164,739	49,422
65~69歳	3.9	78,638	306,687	92,006
70~74歳	2.2	77,566	170,646	34,129
75歳以上	3.9	70,218	273,850	27,385

	虚血性心疾患			
年齢	平均入院日数（日）	1日当たり医療費（円）	1回の入院にかかる総医療費（円）	患者負担額（円）
40~44歳	5.8	131,016	759,893	227,968
45~49歳	5.9	136,421	804,886	241,466
50~54歳	5.7	135,429	771,943	231,583
55~59歳	5.3	135,071	715,876	214,763
60~64歳	5.6	130,545	731,051	219,315
65~69歳	6.8	126,747	861,881	258,564
70~74歳	5.8	120,348	698,018	139,604
75歳以上	11.9	69,599	828,230	82,823

	脳梗塞			
年齢	平均入院日数（日）	1日当たり医療費（円）	1回の入院にかかる総医療費（円）	患者負担額（円）
40~44歳	33.3	42,139	1,403,223	420,967
45~49歳	31.2	40,983	1,278,661	383,598
50~54歳	40.2	39,677	1,594,996	478,499
55~59歳	37.6	38,077	1,431,694	429,508
60~64歳	45.0	36,873	1,659,288	497,786
65~69歳	60.1	35,888	2,156,892	647,068
70~74歳	61.2	34,246	2,095,855	419,171
75歳以上	112.4	27,192	3,056,358	305,636

ません。虚血性心疾患や脳梗塞は、75歳以上の数字が大幅に下がっています。積極的医療を受けるのではなく、療養病床（いわゆる老人病院）に入院するひとが多いためでしょう。

「医療給付実態調査」の数字は２０１６年のもので、「患者調査」とは2年の隔《へだ》たりがあります。しかし平均入院日数も平均医療費も、2年ぐらいではさほど大きく変わらないので、ここでは細かいことは気にせずに進めましょう。

２つの数字を掛け合わせれば、１回の入院でかかる医療費の総額が出ます。50〜54歳の糖尿病なら約56万円、同じく脳梗塞なら約１５９万円です。

もっとも金額が大きいのは、75歳以上の脳梗塞です。１日当たりは安くても、入院が長期に及ぶため、３００万円を超えています。一方、命にかかわるかもしれない虚血性心疾患は、全年齢で70万〜80万円台で、意外とたいしたことはありません。

大雑把《おおざっぱ》に言って、入院が短い病気の医療費は高くても１００万円、入院が長期に及ぶものでも３００万円程度で収まると見てよさそうです。

大病でも自己負担額は65万円以下

しかも、健康保険がありますから、医療費のうち患者の自己負担は３割以内で済みます。

もう少し丁寧《ていねい》に書くと、小学校に上がる前の幼児は２割、それ以上が３割、70歳から74歳までは原則2割、75歳以上は1割です。

したがって、たとえば50歳のひとが糖尿病で入院したとすると、本人負担は平均で約17万円になります。もっとも高いのは、65〜69歳で脳梗塞で入院した場合で、本人負担は約65万円です。それより高齢になれば、負担割合が減るため支払い額も減少します。75歳以上の脳梗塞患者は、医療費としては300万円以上かかっていても、本人負担は30万円前後です。


いかがでしょうか。

ちょっと拍子抜《ひょうしぬ》けしませんか。


医療保険に入るようなひとは、心筋梗塞や脳梗塞などの大病を患《わずら》えば、100万円単位でお金が飛んでいくと漠然と思っているかもしれません。しかし実際には、このくらいで済んでしまうのです。

とはいえ、「安い！」と小躍《こおど》りするほどの金額ではありません。「20万〜30万円ならなんとかなる」というひとはいても、「50万円」と言われると、右から左にとはいきません。とくに家のローンが残っていたり、子供の教育費が重たい40代、50代のサラリーマン家庭には、苦しい出費となりそうです。

また入院すると、医療費だけでなく、食費（入院時食事療養費）もかかります。1食当たり460円、1日（3食）では1380円です。

医療保険のパンフレットには、「入院中の食費も意外とかかる」といったことが書かれています。しかし、それを言うなら健康なひとでも、家に居《い》ようと外出していようと、やはり食費はかかります。入院中の食費を医療費の一部と捉えるのは、あまり合理的とはいえません。

ともかく、一生に一度あるかないかの大病に罹れば、入院だけで数十万円の費用がかかるかもしれないわけですから、不安に思うひとが出てくるのは当然です。そして、そんな不安を和《やわ》らげてくれる（？）のが、民間の医療保険というわけです。

なかでも終身医療保険は、現役のうちに保険料を払い終えれば、死ぬまで面倒をみると言ってくれているように思えます。それに乗らない手はないのではないか——そう考えるひとが後を絶ちません。

しかし冒頭で述べたとおり、日本で普通の医療を受ける限り、健康保険だけで基本的には十分です。健康保険に入ってさえいれば（もちろん国民皆保険ですから、全員が入っているわけですが）、一生涯保障が続く、つまり、どんな病気やケガで入院しても、家計が著《いちじる》しく傾くほどの損失を被《こうむ》ることはないのです。

ウソだと思いますか。

だとしたら、医療費が払えずに自己破産したひとを、あなたは何人知っていますか。少なくとも、筆者の親戚や友人・知人のなかに、医療がもとで自己破産したというひとは皆無です。

なぜなら健康保険には、「高額療養費制度」という第2のセーフティーネットが用意されているからです。

高額療養費制度の効果は大きい

高額療養費制度をご存じの方は多いと思います。少なくとも、この言葉くらいはどこかで見聞きしたことがあるはずです。

この制度は、健康保険に組み込まれている第2のセーフティーネットです。第1は言うまでもなく、患者本人負担が医療費の3割以内（70〜74歳は原則2割、75歳以上は1割）で済むということです。

もちろん、3割負担といえども数十万円、時には100万円を超える負担を強いられることもありえます。そこで、病院への1ヵ月間の支払いが一定の限度額を超えた場合には、超

高額療養費制度による自己負担限度額〈70歳未満の方の場合〉

所得区分	ひと月当たりの自己負担限度額
年収約1160万円〜の方 健保：標準報酬月額 83 万円以上 国保：年間所得 901 万円超	252,600円＋(医療費－842,000円)×1%
年収約770万〜約1160万円の方 健保：標準報酬月額 53 万円以上 79 万円未満 国保：年間所得 600 万円超 901 万円以下	167,400円＋(医療費－558,000円)×1%
年収約370万〜約770万円の方 健保：標準報酬月額 28 万円以上 50 万円未満 国保：年間所得 210 万円超 600 万円以下	80,100円＋(医療費－267,000円)×1%
〜年収約370万円の方 健保：標準報酬月額 26 万円以下 国保：年間所得 210 万円以下の方	57,600円
住民税非課税の方	35,400円

(注) 1つの医療機関等での自己負担（院外処方代を含みます。）では上限額を超えないときでも、同じ月の別の医療機関等での自己負担（69歳以下の場合は2万1千円以上であることが必要です。）を合算することができます。
この合算額が上限額を超えれば、高額療養費の支給対象となります。
（厚生労働省保険局「高額療養費制度を利用される皆さまへ」より作成）

過分の医療費をほとんどタダ（超過分の1パーセント）にしてしまおう、というのが高額療養費制度の要点です。

限度額は個人ではなく、世帯にかかります。つまり、一家全体の医療費が限度額を超えていれば、制度の適用を受けられるのです。

限度額は、所得に応じて5段階に設定されています。70歳未満のひとの場合、たとえば年収約370万〜約770万円なら、〈8万100円＋（医療費−26万7000円）×1％〉となっています。

この所得区分に該当するCさんが、虚血性心疾患で入院し、総額80万円の医療費がかかったとしましょう。もし高額療養費制度がなければ、Cさんは3割の自己負担と考えて、病院に24万円を支払うことになります。しかし、この計算式に当てはめると、8万100円+(80万円−26万7000円)×1%=8万5430円で、結局、80万円の医療費がかかったCさんの自己負担は、「8万5430円」で済むのです。

ただし、入院中の食費には、この制度は適用されません。また本人の希望で個室など「差額ベッド」を選択した場合は、その料金も払う必要があることは言うまでもありません。ただし治療上の理由など、病院側の都合で個室に入ることもよくあることです。その場合は、差額ベッド料はかかりません。

高額療養費制度があるおかげで、Cさんと同じ所得区分のひとでは、1ヵ月の支払いが9万円を超えるようなことはほとんど考えられません。しかも1年間のうち、限度額を超える月が3回以上あった場合、「多数回該当」といって、さらに大幅値引きの対象になるのです。

治療が順調に進んだCさんは、1週間程度で退院し、自宅で2〜3週間療養したあと、社会復帰を果たすことができました。退院後は、最初のうちは毎月1回の通院が必要になるはずです。その医療費（本人負担）は、薬代も含めて1回当たり数千円から1万円です。そして徐々に、２ヵ月に1回、３ヵ月に1回と、通院の回数も減っていくはずです。もちろん、処方される薬も減ることでしょう。

最終的にCさんの自己負担は、初年度で15万〜20万円程度（入院＋毎月の通院）、２年目以降は数万円（年数回の通院）ということになります。

実は、現役の医師の多くが「どんな病気でも、社会復帰や家庭復帰までの医療費は50万円で済む」と言っています。

心臓移植でさえ、日本国内なら１００万円を大きく超えることはないでしょう。なぜなら健康保険の枠内で受ける限り、高額療養費制度が適用されるからです。また、移植患者はもともと重症のため障害者手帳を持っているケースがあります。その場合は、重度心身障害者医療費助成制度を利用することで、医療費の自己負担をさらに軽減させることができます。

ただし、ドナーからの心臓摘出と輸送にかかる費用は全額患者持ちとなっているので、その分は上乗せされます。それでも、アメリカと比べれば数十分の一で済むはずです。

日本の社会保障、とりわけ公的医療保険制度は、そのくらい優れたものだということを、この機会にぜひひとも再認識してください。

民間の医療保険に入らなくても、手元（銀行の普通預金など）に数十万円も用意しておけば、病院の支払いに窮《きゅう》することはありません。あなたの不安を取り除いてくれるのは、民間の医療保険ではなく、誰もが加入している健康保険と常識的な額の預貯金であるということを、どうか忘れないでください。

入院給付金がもらえない大問題

民間医療保険は、言葉は悪いですが、しょせんは健康保険に寄生《きせい》した商売に過ぎません。しかも契約時の健康保険の範囲、つまり、契約時点での医療の中身を基準に作られています。そのため、健康保険の制度が変わるようなことがあると、その効力を失うことにもなりかねません。

とくに危ないのが「入院給付金」です。入院すると1日当たり5000円や1万円をもらえるといったもので、医療保険の〝大黒柱〟に相当します。ただし、「もらえる」といっても、そのお金は保険契約者のみなさんが毎月支払う保険料から出るのですから、ありがたがることはありません。それより、「どんな病気に罹ろうとも、入院しない限りもらえない」という現実をもっと直視する必要があります。

なぜなら、今世紀に入ってから、ほとんどすべての病気で入院日数が減り続けているからです。

厚生労働省の統計によれば、1999年における病院の平均入院日数は41・8日でした。それが2014年には33・2日に減りました。

ただしこの数字には、精神病床や療養病床も含まれています。精神疾患の患者のなかには、年単位で入院しているひとが少なからずいます。また療養病床も「社会的入院」といって、引き取り手のない寝たきり患者などが亡くなるまで入院していることが少なくありません。そうした超長期の入院患者が、全体の平均入院日数を長く見せているのです。

心臓病、がん、脳卒中を含む普通の病気やケガでは「一般病床」に入院します。一般病床の平均入院日数は、1999年には30・8日でした。入院給付金が日額5000円の保険に入っていたとすると、1999年の時点では、平均15万～16万円の給付が期待できました。ところが2016年の一般病床の平均入院日数は、16・2日に減ってしまいました。これでは、入院給付金は8万円くらいしかもらえません。ほとんど半減というわけです。

しかも、入院日数は今後さらに減ることが確実です。増え続ける医療費を何とか抑え込むために、政府は入院日数をもっと減らそうとさまざまな手を打っています。簡単に言えば、入院日数を短くして患者の回転率を上げないと、病院の収入が減ってしまうように制度を作り直したのです。

また比較的軽症の患者は、できるだけ入院させず、外来や在宅医療で治療を継続するように誘導しています。手術が必要な患者についても、術前検査などはできるだけ外来で済ませるようになってきています。入院できなければ、医療保険から入院給付金をもらえないことは言うまでもありません。

極め付きは「介護医療院」の新設です。

これは、２０１８年４月の診療・介護報酬同時改定で新たに設置が決まったもので、「医療」「介護」「すまい」の３機能を併せ持つ介護保険施設です。２０１８年12月末現在、１１３施設が開設され、７４１４床になったといいます。

今はまだ、脳卒中や認知症などで長期の入院が必要な高齢者は療養病床に入院しているケースが大半です。ただし、厚生労働省の資料には、介護医療院とは「要介護者に対し、『長期療養のための医療』と『日常生活上の世話（介護）』を一体的に提供する」施設だと書かれていますから、今後この介護医療院への移行が進むことは確実です。

では、この施設に入った場合、医療保険的には「入院」なのでしょうか。厚労省によれば

「介護保険法上の介護保険施設だが、医療法上は医療提供施設として法的に位置づける」となっています。このとおりに解釈すれば、介護医療院は病院と同等であるため、医療保険の入院給付金の対象になるはずです。

しかし、ほとんどの保険会社のホームページには「医療療養病床は給付対象」と書かれているだけで、介護医療院については〝完全にスルー〟状態です。

各社がこれからどういった対応を見せるのか注視する必要がありますが、保険はあくまでも契約時の約款《やっかん》に書かれた内容だけが保障対象となります。一方、介護医療院の制度はスタートしたばかりで、それ以前に契約済みの保険では考慮されていないと思っておいたほうがいいでしょう。

医療保険で「終身保険」を選ぶひとのなかには、老後の長期入院の対策として考えているひとも多いと思います。でも、その目論見《もくろみ》が脆《もろ》くも崩れ去ってしまうかもしれません。すでに契約済みのひとは、ぜひとも保険会社に確認してください。

手術給付金も有名無実化の可能性

手術給付金は、医療保険の第2の柱です。ところがこれも、かなり怪しくなってきました。手術自体が変わりつつあるからです。

医療保険の手術給付金は、1日当たりの入院給付金の10倍から40倍というのが一般的です。入院給付金が５０００円／日とすれば、手術の種類に応じて5万円から20万円が給付されます。当然、20万円をもらえるのは、開腹・開胸・開頭などを伴う大手術（保険会社が言うところの「重大手術」）に限られます。

消化器の病気では、昨今、内視鏡手術が広まっています。胃や十二指腸《じゅうにしちょう》、大腸などのポリープは、内視鏡で簡単に切除することが可能になりました。しかも大半が日帰りです。胃《い》潰瘍《かいよう》・十二指腸潰瘍などは、手術ではなく薬で治せるようになりました。潰瘍による出血なども、内視鏡で処置できます。胃潰瘍で開腹手術を受けるのは、今ではむしろ珍しいケースです。

心臓や脳は、血管カテーテル治療が主流になりつつあります。

足の付け根や手首の静脈からカテーテルと呼ばれる細いワイヤ状の装置を挿入し、医師がX線テレビを観ながら血管のなかを通して患部まで差し込んでいきます。そして薬剤を投与したり、先端から微小な器具を出したりして、治療を進めていくのです。手術時間は30分から長くても1時間。身体を切り開いて行う本格的な手術と比べて格段に安全ですし、大きな傷が残らないため回復も早く、いいことずくめです。入院も短くて済みます。

腹腔鏡《ふくくうきょう》・胸腔鏡《きょうくうきょう》手術も増えています。お腹や胸に、長さ2〜3センチの切れ目を数ヵ所作り、そこから金属製のチューブ（腹腔鏡）を数本差し込みます。その先端には、テレビカメラや小型のメス・ピンセット・ハサミなどの手術器具がついており、医師はテレビモニターを観ながら手術を進めていきます。やはり手術の傷が小さいため、回復が早く、早期退院できます。

腹腔鏡手術は、今世紀に入るまでは、胆石《たんせき》の摘出術など比較的簡単な手術に限られていました。その後、装置や手術手技の技術革新が続いた結果、今では相当複雑な手術でも、腹腔鏡や胸腔鏡で行えるようになっています。しかも手術全体に占める割合が、毎年のように伸び続けているのです。

しかしそのことが、逆に医療保険からの手術給付金をもらいにくくしています。たとえば、アフラックがインターネット上に公開している「医療保険・医療特約の手術給付金について」という文書には、腹腔鏡下手術や胸腔鏡手術は「重大手術の対象とならない」と明記されています。

昔ながらのお腹や胸をざっくりと切り開くような大手術は、重大手術と認定され、20万円の給付金をもらえる可能性があります。ところが、より進歩した腹腔鏡・胸腔鏡手術のほうが、給付金が安いのです。だからといって、「せっかくの医療保険がもったいないから大きく切ってくれ」と医者に頼み込むひとはいないでしょう。

5年後、10年後には、手術の大半が腹腔鏡・胸腔鏡に移行しているはずです。つまり今売られている医療保険では、最高額の手術給付金をもらえる見込みがほとんどない、ということになるのです。

終身医療保険は「陳腐化」する

結局、今の医療保険は、現在進行中の医療政策や医療技術の進歩に追いついていないということなのです。

そこでもう一度、あなたがこれから何年生きそうか、思い出してください。

50歳の男性（Dさんと呼びましょう）なら、この先まだ40年から45年の寿命が残っていそうです。Dさんが意を決して、終身医療保険に加入することにしたとしましょう。保険料の支払いは65歳まで。保障は死ぬまでです。

しかし最近の医療は、加速度的に進歩しています。Dさんが保険料を支払い終わる前に、その保障内容がかなり陳腐化しているのです。まして70歳、80歳、90歳となる未来の時点で、今の保障内容が通用するとはとうてい思えません。

たとえば腹腔鏡・胸腔鏡手術の次にやってくるのが「ロボット手術」です。ロボットといっても、実際には医師が操作するマニピュレーターです。手術自体は腹腔鏡・胸腔鏡手術と原理的に同じです。ただし普通の腹腔鏡・胸腔鏡手術は、身体に差し込む金属チューブの向きや、チューブ先端から出す手術器具などを、テレビカメラで映し出される映像を観ながら生身の外科医が操作します。

一方、ロボット手術では、金属チューブや手術器具のすべてを、操縦席に座った外科医が3次元映像を観ながら遠隔操作します。

外科医の手の震《ふる》えなどを装置が自動的に感知し、補正を行うため、手術器具の先端に伝わることはありません。また、操縦者の手の動きを5分の1まで縮小してマニピュレーターを操作することができます。外科医が指先を5ミリ動かせば、マニピュレーターの先端に取り付けられた小さなメスが1ミリ動く、といった仕掛けです。それだけより細かい手術を、精度よく行うことができるわけです。

そんなロボット手術は、健康保険では「内視鏡手術用支援機器」と呼ばれ、続々と適用手術が増えてきています。また、内視鏡手術用支援機器を使った手術の医療費は、当然ながら普通の腹腔鏡・胸腔鏡手術よりも高く設定されています。民間医療保険の手術給付金も、普通の腹腔鏡・胸腔鏡手術より高く設定されてしかるべきです。

ところが、たとえば最前のアフラックの「医療保険・医療特約の手術給付金について」には、ロボット手術に関してはまったく何も書かれておらず、ただ「公的医療保険制度における医科診療報酬点数表に、手術料の算定対象として列挙されている診療行為」を対象としている、とあるだけです。手術を受けたタイミングによっても取り扱いが変わるようですし、会社ごとの違いも当然あるでしょう。ロボット手術がどこまで認めてもらえるか分からないのが実情です。

保険会社に確かめる必要があることはもちろん、想定通りにならない可能性も考慮しておきたいところです。

ロボット手術以外にも、新しい治療法が次々と世に出てくるはずです。しかし、過去に契約済みの保険の約款は、どんなに時が流れても変わることはありません。介護医療院やロボット手術についてまったく言及していないのと同様に、これから出てくる新しい治療については、あなたがお持ちの約款にはいっさい記載されていません。

現在のような変化の激しい時代には、長期の保険契約は逆にリスクを背負い込むことになりかねません。安心を買ったつもりが、いざという時に「保障の対象外です」と言われてしまったら、どれほど落ち込むことでしょうか。

それでもどうしても医療保険に入りたいなら、短期（1年ないし数年定期）の掛け捨てのものを選ぶほうが、リスクを低く抑えられるはずです。そして満期になったら、最新のものに乗り換えるか、いっそ医療保険なんてやめてしまえばいいのです（これがもっとも賢明な選択です）。

それとも「終身保障」の言葉を信じて、行けるところまで突き進んでみますか？

健康保険を守ることが最優先事項

我々にとってもっとも大切なことは、どの医療保険が得か損かを考えることではなく、「健康保険（公的医療保険）をこれから先もどうやって存続させるか」に尽きるのではないでしょうか。そして、お金に「色」はありません。多額の保険料を支払うよりも、何にでも使える50万円、できれば１００万円の預貯金を持つことです。

言うまでもなく、日本の社会保障は大きな曲がり角に来ています。高齢者が増え続け、現役世代はこれから減り続けることが確定しています。「どんなに働いて稼いでも、税金と社会保障費で取られてしまう」といった絶望感・閉塞《へいそく》感が若者を中心に広まっています。我々としてはせめて、健康保険だけでも維持できる方向を模索しなければなりません。

日本の総医療費は２０１６年において約42・１兆円。そのうち15・４兆円が75歳以上の高齢者に使われています。75歳以上の人口比率は13・3％でした。

年を取れば病気が増えるのは仕方がないこととはいえ、国民全体で使う医療費の36％以上を使ってしまっているのです。この先、75歳以上の人口がさらに増えることを考えると、将来に不安を感じるひとが大勢出てきても不思議ではありません。

しかも、高齢者の医療費のうち、かなりの部分が亡くなる前の半年間ないし3ヵ月間に集中しているといわれていますし、そのことを裏付ける研究論文も多数発表されています。いかなる医療の効果も期待できず、余命が数ヵ月以内と判断される時期を医学的に「終末期」と呼んでいますが、まさにこの時期のことです。

土壇場《どたんば》であれこれ手を尽くす様子が垣間《かいま》見えます。また、それによって多少の延命が実現していると思われます。

しかし延命しても、結局は亡くなられてしまうのです。それに延命治療は、端《はた》から見ているとかなり悲惨だといいます。「寝たきり患者を、治療ではなく虐待《ぎゃくたい》している」気分になると言う医師や看護師も多いと聞きますし、患者本人も（もし意識が残っているなら）「いい加減にしてくれ」と言いたいかもしれません。

むろん、終末期医療のすべてが無駄と言うつもりはありません。延命ではなく苦痛を緩和《かんわ》し、人生の残りの時間を穏《おだ》やかで安らかに過ごしてもらうターミナルケアというものもあります。

その点を考慮しつつも、仮に、明らかに無駄な延命治療についてやめることができれば、医療費やその他の社会保障費を含めて、1兆円程度は節約できるはずです。

最近では、延命治療を望まない高齢者が増えてきています。また、その意思を「リビングウィル」として書き残そうという運動も増えてきました。

残念ながら日本では、まだリビングウィルは法的に明確に認められているわけではありません。なんとなく、なし崩し的にその方向に進んではいますが、もし患者の意識がなく、家族や親類が延命を望む場合、たとえ本人の文書があっても医師が拒《こば》むのは難しいでしょう。

しかし海外では、リビングウィルは当たり前になってきていますし、そもそも無理にでも延命しようという文化がありません。日本も早急に法制化を進めるべき時に来ているのです。

また、過剰な延命治療の廃止で浮いた医療費は、若い現役世代の医療の充実、18歳未満の医療費の無料化、不妊治療の無料化などに充《あ》てるべきです。若い世代を優遇しない限り、社会保険料の負担が重くなるなか、彼らに「健康保険を存続させたほうが得だ」と納得させるのは困難です。

筆者二人も今年は還暦《かんれき》を迎えます。この先まだ30年以上も寿命があるかもしれませんが、若い世代の重荷にならないように心がけたいと思っています。

保険会社が3割取るコスト高

数年前、ある媒体の記者から、「日帰り入院でも、入院5日分の給付金が支払われる医療保険なんて、消費者をバカにしていますよね」と言われたことがあります。

たしかに、日額5000円だと給付額は2万5000円、日額1万円でも5万円です。その金額をはるかに超える保険料を払い続けることになるのに、消費者は「日帰りでも5日分もらえる！」と直感で反応して飛びつくと見られているのだろう、と言うのです。

筆者も同感です。少額のお金を得るために保険を利用するのは本末転倒《ほんまつてんとう》だからです。本章の冒頭に書いたとおり、民間の保険では「保険料負担＞受給」が大原則です。

人件費・広告宣伝費などの諸経費を使ったあと、さらに収益が残らなければ保険会社は破綻《はたん》してしまいます。したがって、保険料にはその分の費用が含まれ、加入者全体の収支は必ずマイナスになるわけです。さらに保険料は、人々が入院する確率などをあらかじめ高めに見込んで設定されていることも忘れてはいけません。

いったい、保険会社にどれくらいお金が残る料金設定になっているのでしょうか。ヒントになるのは、保険会社の人たちが愛用している「団体保険」かもしれません。この保険は1

年更新で、単年度の決算で余ったお金は「余剰金」として加入者に還付されます。例年、支払った年間保険料の30％程度には達するようです。「50％くらいに達する年度もある」と言う関係者もいます。

一方、一般個人向けに販売されている保険では、契約が長期にわたるため、団体保険のように、どの程度お金が余る保険料設定になっているのかは分かりません。

それでも、「アクチュアリー」と呼ばれる、生命保険会社や損害保険会社で保険料の算定などを行う保険数理の専門家によると、売れ筋の医療保険の場合、保険料には、保険会社の諸経費に使われるお金が、見込みで30％ほどは含まれているそうです。

経費率３割である場合、「何かあった時に７０００円を保険から調達（受給）するためには、軽く1万円を超える保険料を支払う必要がある」ということが容易に想像できます。入院日額5日分が2万５０００円の場合、２万５０００円のために4万円近く出費することになりかねないわけです。このように考えると、なにやら「利用を控えたいローン」のように思えてこないでしょうか。

２０１７年度末の医療保険契約件数は約３７００万件（41社計）に達しています。「入院した時」「通院費が継続的に発生する時」「貯蓄を取り崩す時」など、歓迎したくない事態を想定しながらお金のことを考えると、ひとの判断は「より多く備えたほうがよいのではないか」という方向に変化しやすくなるのだと思います。

客観的かつ冷静に判断するには、どうしたらいいのでしょう。パンフレット等に記載された「保障内容」を隠して見ることをおすすめします。

53ページの図のような説明はパンフレットによくあるものですが、入院・手術・先進医療といった文字を見ないことにするのです。図表が54ページのように変わるイメージです。こうすると、金額だけが目に入りますね。

先の保険数理の専門家の言うとおり、3割程度の経費がかかっていると考えれば、入院日額1万円を受給するために保険会社や代理店の取り分まで自分が負担して、1万4000円を超えるお金を使うのか？　入院中1回につき20万円受給するために30万円近く払うのか……？　などと考えると、「それくらいのお金は自分で出すほうがいいに決まっている」と思えてくるのではないでしょうか（もっとも高額になる「先進医療特約」については次章で詳述します。この場では、そもそも必須《ひっす》ではないことだけお伝えしておきます）。

よくある保険のパンフレット

● 保障内容例

		基本プラン 日額 1万円コース	がん充実プラン 日額 1万円コース
病気・ケガ入院〈疾病入院給付金〉〈災害入院給付金〉	病気・ケガで入院されたとき ● 約款所定の七大生活習慣病以外の場合 1入院60日、通算1000日まで保障 日帰り入院から保障	1日につき 10,000円	1日につき 10,000円
手術〈手術給付金〉	約款所定の手術を受けられたとき ● 入院中の場合：1回につき主契約の入院給付金日額の20倍 ● 外来の場合：1回につき主契約の入院給付金日額の5倍 ポイント 約1000種類の手術を保障！ 何度でも保障	1回につき 入院中20万円 外来 5万円	1回につき 入院中20万円 外来 5万円
先進医療〈先進医療給付金〉	先進医療による療養を受けられたとき ● 医療行為、医療機関および適応症などによっては、給付対象とならないことがあります。 ● 同一の被保険者において、先進医療給付のある生命保険の特約について重複して加入はできません 通算2000万円保障	先進医療にかかる技術料と同額	先進医療にかかる技術料と同額
がん診断/入院〈がん一時金〉	初回：初めてがんと診断確定されたとき 2回目以降：がんの治療を目的として入院を開始されたとき 何度でも保障	−	＋ 1回につき 100万円
がん通院〈がん通院給付金〉	がんで約款所定の通院をされたとき	−	1日につき 10,000円

パンフレットの「保障内容」を隠してみると……

● 保障内容例

		基本プラン 日額1万円コース	がん充実プラン 日額1万円コース
		1日につき 10,000円	1日につき 10,000円
		1回につき 入院中20万円 外来 5万円	1回につき 入院中20万円 外来 5万円
		先進医療にかかる技術料と同額	先進医療にかかる技術料と同額
		−	＋ 1回につき 100万円
		−	1日につき 10,000円

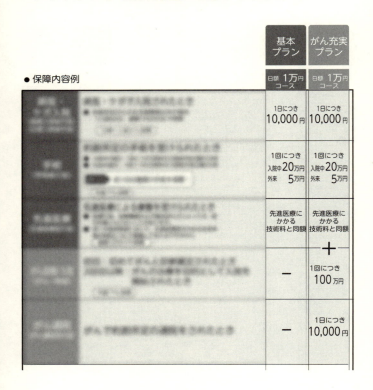

自動車保険のように考えてみよう

実は、一般のひとが金額のみで保険活用の是非を正しく判断している例があります。「自動車保険」です。

あなたもきっと、金額が数億円に達することがあるかもしれない「賠償責任《ばいしょう》」に関しては必ず保険をかけ、中古車で買い替えると数十万円の「車両」には保険をかけない、といった選択を淡々と行っているはずです。車両に保険をかけるにしても、「10万円までの費用は自己負担にする」といった条件を付けて保険料を抑えます。

医療保険に置き換えると、5日分までの入院給付額などを無視する代わりに、月額の保険料を安くするようなものです。保険で用意するほかに「手段がない」と思われるのは、億単位の額になることも想像される賠償責任くらいだからです。

生命保険でも、自動車保険のように「(保険で用意できる)金額の大きさ」を基準に判断すると、一般のひとたちの保険料負担は最小限にできるはずです。

にもかかわらず、広告や営業活動等において、入院・通院・手術など「お金が必要になる状況」に印象的な体験談などを絡《から》め、より高額な保険加入の必要性が語られるのは、顧客の情緒《じょうちょ》的な判断を促《うなが》したい保険会社の都合に過ぎないのではないでしょうか。

第2章　がん保険の「ストーリー」にだまされるな

病名別の保険は意味不明！

「健康保険が適用される治療を行う限り、高額療養費制度で医療費の個人負担には上限があります。一般的な収入の人なら、1ヵ月の負担は9万円弱に収まる。それなのに、なぜ『がん』『三大疾病《しっぺい》』『女性疾病』など、『病気の種類に応じた保険加入』がすすめられるのか？正直、僕には理解できないんです」

これは一般の方の発言ではありません。複数の保険会社で商品設計に関わっている保険のプロの言葉です。そこで、

「たとえば、がん保険では抗がん剤や放射線など、治療の種類に対応している給付金もありますが、ますます不可解ではないですか？」

と尋《たず》ねたら、

「そのとおりです」

と即答されました。

ご自身が長年、がん保険などの商品設計に関わってきたことについても、「それが仕事だけれど、複雑な思いはあります」とのことでした。

保険のプロのこの「複雑な思い」は、別の保険会社のひとからも聞いたことがあります。「大半の保険は、不幸な状況を強くイメージさせる演出の力で売られていると思います。本当に検討に値《あたい》する保険は、小さな子供がいる世帯主の死亡保険くらいでしょう。ところが多くの人は、印象的な体験談などを語られると冷静な判断ができなくなり、いろいろな保険に入ってしまうのです」

これでも柔らかく表現し直しているくらいで、本当は、もっと端的な言葉で断言されたのです。個人の見解だとしても実に興味深く、一考に値すると思います。

「がん保険」は、まさにその病名から保険加入の必要性が説かれます。また、入院・通院・手術・ホルモン剤・先進医療など、お金が必要になる状況と使い道についても多くのことが語られます。さらに、心が揺《ゆ》さぶられる体験談なども流布《るふ》されています。とくに冷静な判断が難しい保険かもしれません。

そこで本章では、あらためて「がん保険」の有用性について考えてみます。

がん患者は増えているのか？

健康保険はどんな病気やケガにも対応するのに、いったいなぜ、疾病別に分かれた保険が存在するのでしょうか。もちろん、その代表が「がん保険」であることは言うまでもありませんが、その理由は、人々のなかに「がん＝死の病」という特別な感覚がいまだに根強く残っているからにほかなりません。

実際、がんで亡くなるひとは増え続けています。厚生労働省の死亡統計によれば、2001年にがんで亡くなったひとは約30万1000人。それが2017年には、約37万3000人に増えました。

しかし、死亡全体に占める割合で見ると、少し話が違ってきます。

2001年の総死亡数は約97万人だったので、がん死の割合は約31％でした。よく、「3人に1人（33％）はがんで死ぬ」と言われていますが、ほぼそのとおりの数字だったわけです。

ところが、2017年の総死亡数は134万人。がん死の割合は27・8％に低下してしまいました。どうも「4人に1人」と言い直したほうが当たっているようなのです。

61ページの図は、年齢別のがん死亡率（男女計・人口10万人当たりのがん死亡者数）をグラフ化したものです。2001年と比較して、2017年にはすべての年齢で死亡率が低下していることが分かります。とくに40代から70代で減少率が大きいことが見て取れます。

年齢別がん死亡率
(各年齢人口10万人当たりのがん死亡者数)

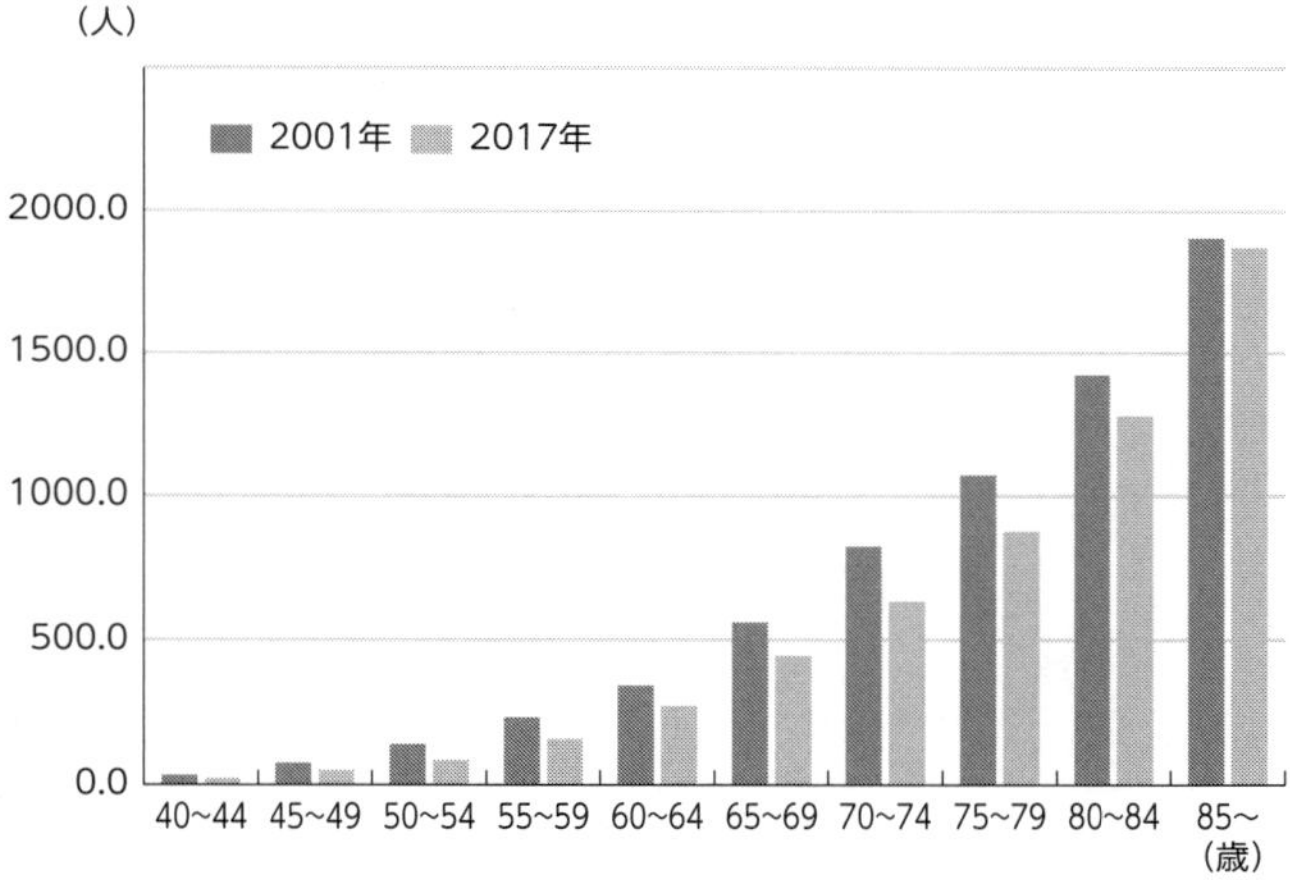

もちろん怖い病気に違いありませんが、「死の病」から少しずつ遠ざかっている事実も、認識しておくことが大切です。

とはいえ、がん患者は増え続けています。国立がん研究センターが公開している統計によれば、２００１年における全国の新規がん患者は約56万人でした。それが２０１４年には約88万人です。わずか14年間で、実に１・６倍近い増加です。人々の不安を掻《か》き立《た》てるには十分な数字といえるでしょう。

ただし、がんは高齢者に多い病気です。男性患者の77%、女性患者の66%は、65歳以上の高齢者で占められています。さらに75歳以上で区切っても、男女とも全患者の40%以上を占めているのです。日本は猛烈な勢いで高齢化が進んでいますから、それががん患者増加の大きな要因であることは疑う余地がありません。

しかし若い世代でも、患者が増えています。

63ページのグラフは、男性と女性の2001年と2014年の年齢別がん罹患率《りかん》を対比させてグラフ化したものです。なお、がんの罹患率とは、ある期間中に新たに診断されたがんの数を、その集団の人口で割った値で、通常は「人口10万人のうち何人新たに罹患したか」で表されます。そのためこのグラフでは、各年齢の人口10万人当たりの新規患者数のことを言っているとお考えください。

男性は、ほとんどの年齢で、2001年よりも2014年のほうが罹患率が上がっていることが分かります。女性のほうはもっと顕著《けんちょ》で、すべての年齢で罹患率が上がっているうえに、若い世代ほど増加率が高くなっていることが分かります。

しかしもっと詳《くわ》しく見ていくと、意外な事実が見えてくるのです。

まず男性。64ページの表からわかるように、実は5大がん（肺・胃・大腸・膵臓《すいぞう》・肝臓）

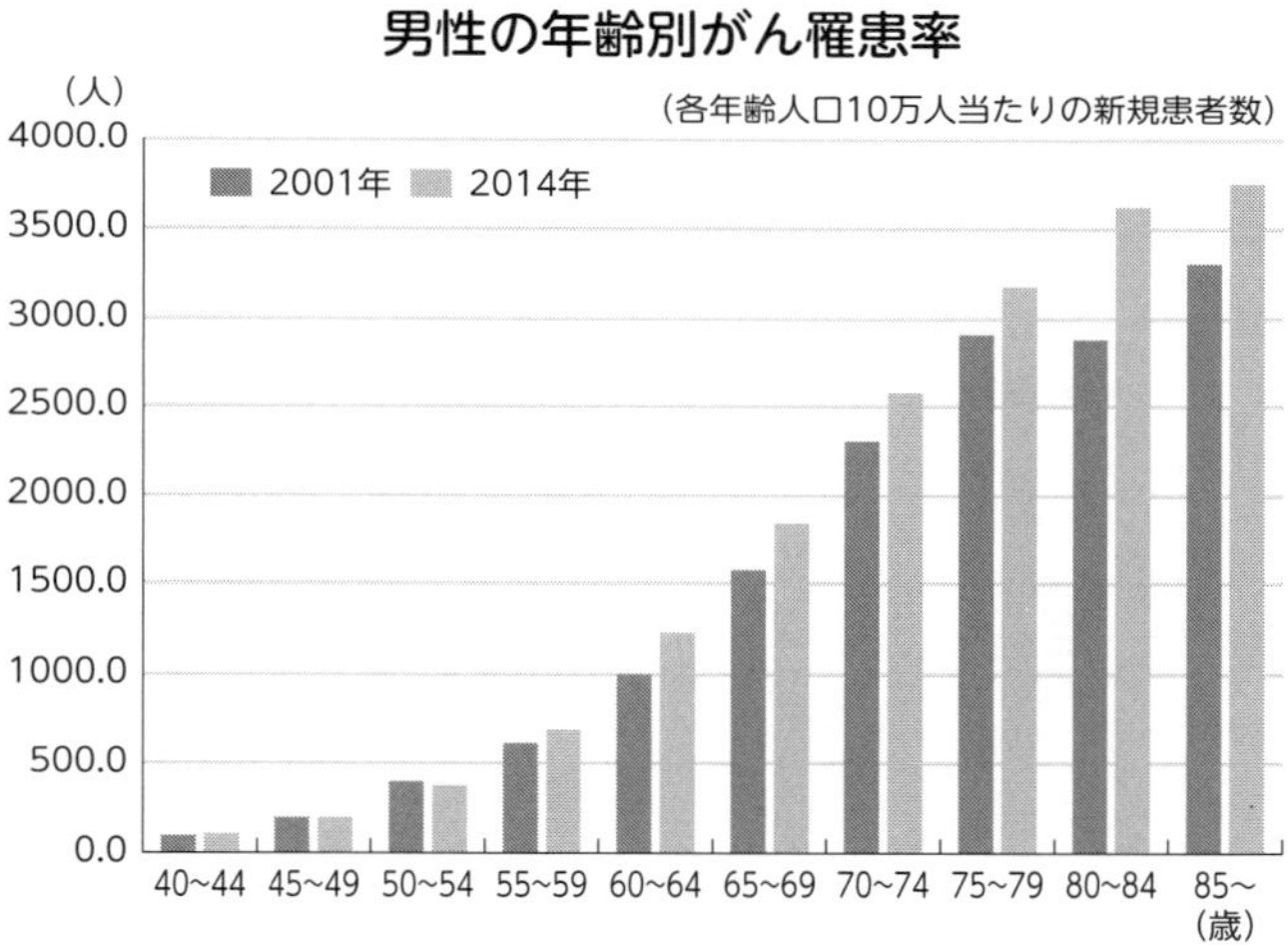
男性の年齢別がん罹患率
(人)
(各年齢人口10万人当たりの新規患者数)
4000.0
3500.0
3000.0
2500.0
2000.0
1500.0
1000.0
500.0
0.0
2001年
2014年
40~44
45~49
50~54
55~59
60~64
65~69
70~74
75~79
80~84
85~
(歳)

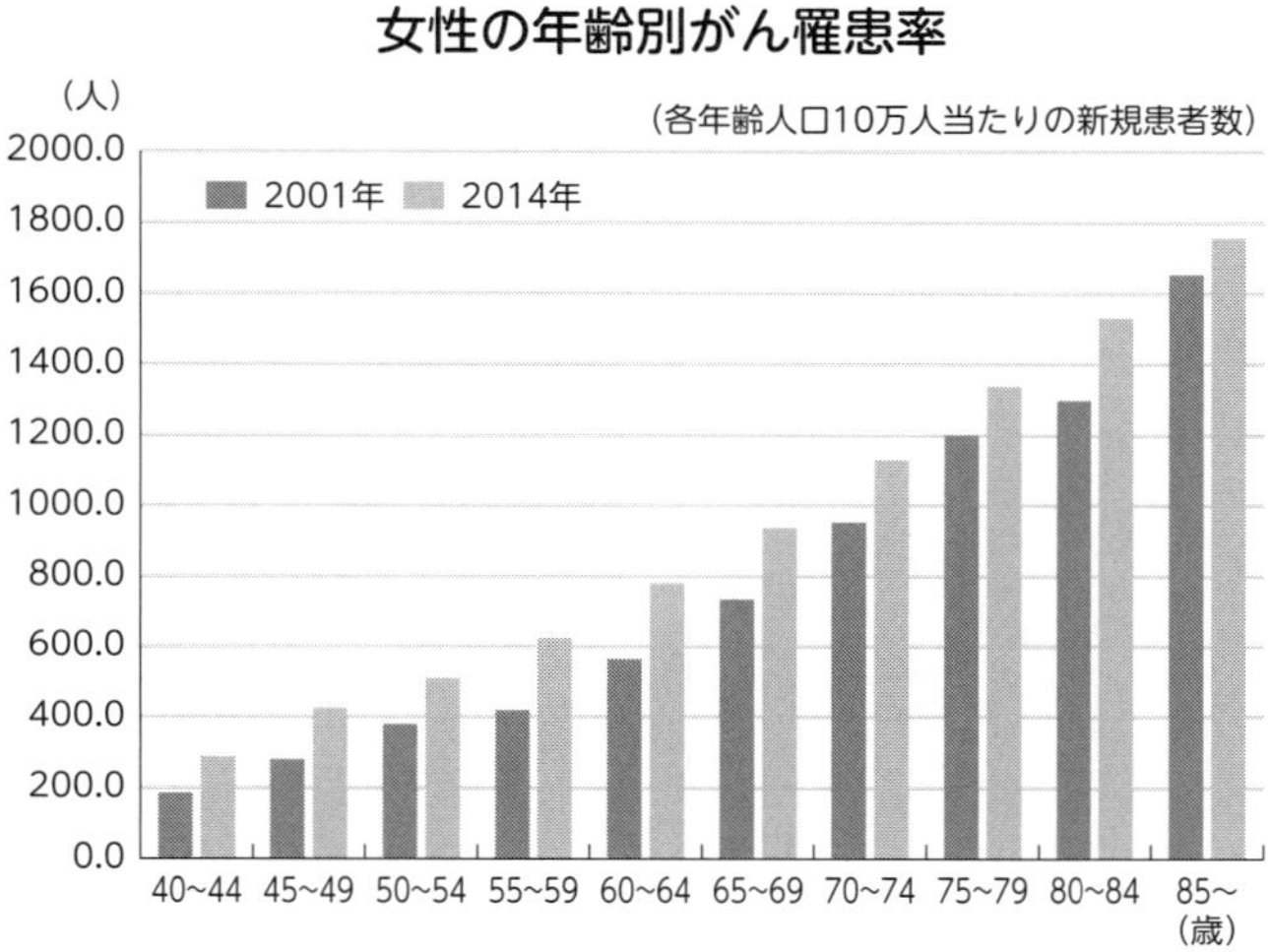
女性の年齢別がん罹患率
(人)
(各年齢人口10万人当たりの新規患者数)
2000.0
1800.0
1600.0
1400.0
1200.0
1000.0
800.0
600.0
400.0
200.0
0.0
2001年
2014年
40~44
45~49
50~54
55~59
60~64
65~69
70~74
75~79
80~84
85~
(歳)

男性の5大がんの罹患率

（人口10万人当たりの新規患者数）

	2001年	2014年
40〜44歳	9.2人	9.3人
45〜49歳	20.3人	19.5人
50〜54歳	43.3人	43.9人
55〜59歳	72.0人	86.9人
・・・	・・・	・・・

などでは、とくに40代を中心に罹患率はほとんど横ばい、ないし若干下がっているのです。

男性で目立って増えているのは、実は前立腺《ぜんりつせん》がんだけです。今世紀に入ってから、現役世代で3倍から6倍、65歳以上でも2倍以上も増えているのです。

これは、前立腺がんを見つけるうえで有効な「PSA検査」の普及が進んだため、ということが分かっています。PSAは前立腺がんの腫瘍《しゅよう》マーカーです。血液検査で簡単に調べることができ、職場健診や住民健診等で普及が進んできたのです。

PSA検査はスクリーニング検査ですが、「異常」が指摘されれば大半のひとが精密検査を受けるため、がんの発見率が上昇します。欧米諸国でも、PSA検査が普及した結果、前立腺がんの患者数が急増しました。

前立腺がんは〝大人しいがん〟で、大半は放ってお

女性の乳がんの罹患率

（人口10万人当たりの新規患者数）

	2003年	2014年
40~44歳	85.9人	133.5人
45~49歳	135.8人	215.3人
50~54歳	130.9人	195.4人
55~59歳	121.8人	197.9人
・・・	・・・	・・・

いてもあまり悪さをしないともいわれています。しかし「がん」と診断されれば、放っておけないのが人情というもの。結果的に「過剰診療」のリスクも高めてしまう、との指摘もあります。PSA検査を検診に使い続けるか、廃止するかで、世界中で大きな議論が巻き起こっているのです。

日本では、前立腺がんで亡くなったひとは約1万2000人（2017年）でした。そのうちの97%が65歳以上でしたから、現役世代では、あまり心配しないほうがいいのかもしれません。しかし、「PSA検査は前立腺がんの死亡率低下に大きな効果がある」として、日本泌尿器科学会を中心に、さらなる普及を推進しようとしています。ですから、前立腺がん患者数が今後も増え続けることは確実といっていいでしょう。

次は女性です。男性と同様、肺・胃・大腸・膵臓・肝臓がんは横ばいか減少気味です。しかし乳がんと子宮がんが増えています。
乳がんの罹患率は、65ページの表のとおりです。

乳がんは、マンモグラフィなど乳がん検診の普及率と歩調を合わせて、日本のみならず世界中で増加しています。前立腺がんと同様、検診によって過剰診断・過剰治療が増えているといった意見が専門家からも出てきており、「乳がん検診を縮小するべき」という議論も各国でなされています。しかし日本では、やはり検診をより普及させる方向に進んでいます。
同様に子宮がんも、子宮がん検診の普及に伴《ともな》って増え続けています。また国としても、子宮がん検診の受診率向上に積極的です。一方、子宮がんの半分を占める子宮頸《けい》がんについては、ワクチン接種がいっこうに広まらないなど、ちぐはぐな状況が続いています。

以上をまとめると、多くのがんで年齢別・性別罹患率は横ばいないし減少傾向だが、男性の前立腺がん、女性の乳がんと子宮がんは急増しており、今後さらに増える見通しである
――ということになります。
読者のみなさんは、こうしたがんのトレンドを参考にしながら、がんへの備えを考えてみてください。

肺がんの平均入院日数（2016年度）

国立がん研究センター中央病院	9.7日
国立がん研究センター東病院	12.0日
がん研究会　有明病院	10.6日
静岡県立静岡がんセンター	13.3日
愛知県がんセンター中央病院	11.1日
京都大学医学部附属病院	16.1日
大阪国際がんセンター	14.9日

（筆者作成）

がんの医療費も50万円まで

がん保険が売れるのは、「がんの医療費は飛び抜けて高い」と本気で思っているひとが大勢いるからかもしれません。

しかし前章で解説したとおり、ほとんどの病気やケガの医療費は、初診から家庭復帰・社会復帰を果たすまでに、およそ50万円で済みます。高額療養費制度があるおかげで、医療費で自己破産するようなことは、ほとんど考えられません。そしてもちろん、がんも例外ではないのです。

そもそも、「がんは入院が長い」といまだに本気で思っているひとが多いことに驚かされます。そういうひとたちは、厚生労

大腸がん（結腸がん）の平均入院日数（2016年度）

東京都立駒込病院	12.4日
虎の門病院	17.5日
埼玉医科大学国際医療センター	12.7日
北里大学病院	15.0日
大阪医科大学附属病院	18.4日
倉敷中央病院	16.8日
恵佑会　札幌病院	18.6日

（筆者作成）

働省が毎年公開している、各病院の疾病別平均入院日数のデータを見ると、力が抜けてしまうかもしれません。

たとえば肺がん（手術あり）の平均入院日数（２０１６年度）は、67ページの表のようになっています（「厚生労働省ＤＰＣデータ」２０１８年）。

肺がん手術を受けても、たいていは10日から２週間で退院です。抗がん剤治療や放射線治療だけの入院となると、もっと短くなることは言うまでもありません。

上の表を見てください。大腸がん（結腸がん）は多少長引きますが、それでも20日を超えることはありません。

ここでとくに注意しなければならないのが、これらの数字は、全年齢の患者の平均入院日数だという点です。

ご存じのように、がん患者の多くは高齢者です。高血圧、糖尿病、心臓病など、ほかの病気をいくつも抱えている患者が少なくありません。しかし、今ではそうした患者にも積極的に手術を行うようになってきました。逆に言えば、まだ50代、60代ぐらいで、ほかの病気が少なく比較的体力のある患者であれば、もっと短期間で退院できるわけです。

手術も、第1章で書いたように、腹腔鏡《ふくくうきょう》・胸腔鏡《きょうくうきょう》手術が増えてきています。肺がん手術などは、すでに6割近くが胸腔鏡手術に置き換わっています。また消化器の早期のがんなら、内視鏡できれいに切り取ることができます。日帰りか、入院してもせいぜい2〜3日です。

ですから、がん保険の入院給付金や手術給付金を楽しみ（?）にしているようなひとは、当てが外れてしまうかもしれません。というよりも、「入院や手術の費用が心配だからがん保険に入る」という発想自体、そもそも間違いだということです。

一方で、診断時に100万円が給付されるような契約では、火災保険で言うところの「焼け太り」も発生するかもしれません。すると、何のためのがん保険だろう？　と思えてこないでしょうか。

先進医療特約に意味はあるか

がん保険に加入する人のなかには、「先進医療特約」を評価する人もいます。通算2000万円くらいまでの費用負担を補塡《ほてん》し、特約保険料は月々100円程度です。

しかし先進医療とは、「一種の人体実験」だということをご存じでしょうか。

はっきり言えば、本当に効果があるかどうか、患者を使って試してみようというのが先進医療です。やってみて、本当に効くようなら健康保険に移しますし、効かないようなら退場となるのです。

2019年2月1日現在、93種類の治療法・検査法が先進医療の指定を受けています。ただし、そのなかでがんの治療に役立つ（かもしれない）のは、重粒子線《じゅうりゅうしせん》と陽子線《ようしせん》の2種類に限られると言っても過言ではありません（合わせて「粒子線治療」と呼びます）。過去20年以上にわたって、延《の》べ数万人の患者が受けており、今でも毎年4000人前後が受けています。しかし、ほとんどのがんで、いまだに健康保険の対象になっていません。

実は、粒子線治療のほうが普通の放射線治療よりも優れているとする研究成果は、世界的に見てもあまり出ていないのです。また、がんの種類によっては、従来の放射線治療のほうが優れているという論文も見受けられます。

それ以外では、白内障の「多焦点《たしょうてん》眼内レンズ」が人気を集めています。健康保険適用の眼内レンズは「単焦点レンズ」に限られますが、多焦点レンズなら近くにも遠くにもピントが合うので、快適さが違います。２０１６年度の1年間に、約1万４０００人以上が手術を受けました。ただし、これはがん保険の対象ではありません。医療保険の先進医療特約なら、給付金を受けられます。

次いで、「前眼部三次元画像解析」（約1万２０００人）。特殊なカメラを用いて、眼球内の細かい構造まで三次元的に解析できるというものです。これはあくまで検査方法であって、治療法ではありません。やはり医療保険の特約に限られます。

粒子線治療に加え、これら2つの先進医療を受けた患者の合計は、２０１７年度において約3万人。全先進医療患者の実に91％を占めています。ですから、「先進医療」といったらこの4種類、と割り切ってしまっても構わないくらいです。「がんの先進医療」に限れば、粒子線治療のみと思ってください。

収入の大半が保険会社の儲けに？

肝心の料金ですが、陽子線は平均で約２７６万５０００円、重粒子線が約３１４万９００

0円、多焦点眼内レンズが約58万1000円（両眼）、前眼部三次元画像解析はぐっと安くて、約3500円です。

2017年度において粒子線治療を受けた患者は、全国で約4000人でした。これを人口当たりに置き換えると、国民3万1750人に1人となります。希望者はもっと多かったかもしれませんが、がんの大きさや位置、患者のコンディションなど、さまざまな条件があるため、全員が受けられるわけではありません。

一方、先進医療特約の保険料は、月々100円として、年間では1200円です。ある保険会社のがん保険に入る際、先進医療特約を老若男女合わせて3万1750人が付加したとすると、年間3810万円の収入になります。

この人数のなかから1人が粒子線治療を受けるわけですから、支出は270万～320万円です。

残りは保険会社の取り分です。集めた保険料のおよそ9割から諸経費を引いた残りが保険会社の儲《もう》けになるのです。納得がいくでしょうか。

「そうは言っても、先進医療を何度も受ける患者もいるから、やっぱり特約は必要なのではないか？」

と考えるひともいるでしょう。
最大2000万円まで保障してくれるのですから、粒子線治療なら少なくとも6回は受けられる計算になります。

でも残念ながら、粒子線治療は周辺の正常な組織や細胞も傷めてしまうため、同じ部位に2回行うことはできません。たとえば前立腺がんに対して治療を行ったものの、再発してしまった場合、もう一度前立腺に照射することはありません。

偶然、他の臓器に新たながんが見つかった場合は、新規に照射することはありえます。しかし筆者（N）が調べた限りでは、同じ患者に2回以上、粒子線治療を行ったという論文や学会発表は見つかりませんでした。

なお、多焦点眼内レンズなら、金額的には34回は受けられます。しかし眼内レンズを何度も入れ替えたという話も、やはり聞いたことがありません。これも一生に一度限りの手術と思ってください。

ですから、保険会社は逆に、保障の上限額をどれだけ高く設定しても、痛くも痒《かゆ》くもないのです。どうせなら2000万円などとケチなことを言わず、「総額6億円」とか、派手にぶち上げてみてはどうでしょうか。

がん保険の先進医療特約はほとんど無意味。医療保険の場合は、いずれ多焦点眼内レンズの手術を受けるつもりなら意味があるかもしれません。ただし、その前に健康保険の適用になってしまえば水の泡ですが。

有給休暇と傷病手当金はすごい

現役世代にとっては、がんの医療費よりも、治療中の収入を維持できるかどうかのほうがより大きな不安でしょう。「がん離職」という言葉があるように、がんに罹《かか》ると会社をやめざるをえなくなり、食うに困るといった恐怖が付きまといます。

１９９０年ごろから、診断時にある程度まとまった額のお金を給付するがん保険が主流になりましたが、給付金額は50万～３００万円程度です。収入減が長期化する場合を想像すると、物足りない保障内容かもしれません。

また、「上皮内《じょうひない》がん（新生物）」の扱いについても注意が必要です。これは別名「ステージ０」といわれる、ごく初期のがんです。大腸や子宮頸《けい》部などでよく見つかります。内視鏡で簡単に切除でき、しかも再発や転移のリスクがきわめて低いため、保障の対象外になっている場合が少なくありません。

ところが乳腺の上皮内がんだけは、内視鏡が入らないため、本格的な手術の対象になってしまいます。標準治療は乳房全切除、ないしは部分切除＋抗がん剤・ホルモン剤です。乳房の上皮内がんと診断され、手術を受けたのに、保険会社から「保障の対象外」と言われたらかなりのショックです。すでにがん保険に加入しているひとは、ぜひとも契約書を確認してみてください。

がんに罹った後の収入減に備える保険を販売している保険会社もあります。たとえば、一昨年発売されたライフネット生命のがん保険「ダブルエール」では、がんと診断された場合の一時金に加えて、治療費と収入面での補塡を目的とする保障を付加することができます。

診断時に100万円が給付されるプランの場合、治療サポート給付金を付加すると、治療（手術・放射線治療・抗がん剤治療）を受けた月ごとに、月に1回10万円（回数無制限）が支払われます。

さらに、がん収入サポート給付金も付加すると、がんと診断された翌年から、生存1年ごとに最大5回まで50万円（1回につき、がん診断一時金の半額）が支払われるのです。

治療サポート給付金を付加する場合、各世代で試算すると、診断給付金のみのプランに対し保険料が2倍くらいになるケースが多いので、支払い回数は最大で10回くらいと見込まれているのではないかと推察されます。

がん収入サポート給付金については、最大5回の給付がありますが、見込み給付額の試算はとても難しく、保険料負担の増加に見合う価値があるのか不明です。


いずれにしても、すべての会社員のみなさんは、がん保険の保障内容を検討する前に、ご自身が加入している健康保険の「傷病《しょうびょう》手当金」について知っておかなければなりません。

これは、一定の条件を満たせば、最長18ヵ月にわたって、それまでの標準報酬月額（各種手当を含む月給）の3分の2に相当するお金がもらえるという制度です。たとえば月給45万円のひとなら、毎月30万円の傷病手当金を1年半もらい続けられるというわけです。

もちろん有給休暇（最長40日間・実質2ヵ月間）も活用できます。病気で長期休業を余儀《よぎ》なくされた場合は、まず有給休暇を使い、それでも足りなければ傷病手当金の支給を受けることが鉄則です。

それと、ぜひ覚えておいてもらいたいのが、たとえ会社をやめても傷病手当金の支給を受け続けることができる、ということです。

もしがんに罹っても、有給休暇と傷病手当金をつなげて使えば、たとえ会社をクビになっても、最長で20ヵ月にわたって安定した収入が得られるわけです。

有給休暇は、法律で決まっている労働者の権利です。また傷病手当金の原資となる健康保険料は、やはり法律に基づいて、毎月給料から天引きされているのです。わざわざ保険会社に余分なお金を貢《みつ》ぐ必要はないでしょう。

しかも、大企業の健康保険組合のなかには、「付加給付」と呼ばれるプラスアルファの給付金を、傷病手当金に上乗せして出しているところもあります。それを合わせると、月給の７～８割に相当する金額がもらえます。

日本の社会保障は、それぐらいしっかりと作られているのです。

ただし国民健康保険に加入している自営業者、いわゆるフリーランスのひとたちに限れば、がん保険に入る意味があるかもしれません。言うまでもなくフリーランスのひとたちには有給休暇がありません。また国民健康保険には、傷病手当金の制度がありません。大病で仕事ができなくなると、たちまち収入が途絶えてしまうリスクを抱えています。

そんな時、民間のがん保険から一時金や年金が給付されれば、多少なりとも生活の足しになるはずです。

とはいえ、これは毎月の保険料の支払いと預貯金などとの兼ね合いでもあります。「もしも」の時の資金を普段から蓄《たくわ》えるだけの余裕と計画性を持っているひとにとっては、余分な保険料を払うのは馬鹿らしいはずです。

自由診療に対応する保険の真実

見てきたように、がんであろうと、ほかのどんな病気であろうと、健康保険の枠内で医療を受けている限り、医療費の支払いに窮《きゅう》することはめったにありません。しかし、「自由診療を受けたい」というのであれば話が違ってきます。

自由診療なら、健康保険の対象となっていない治療を受けることができます。その代わり、かかった費用の全額を患者本人が負担することになります。「医者の言い値」ですから、いくらかかるかは分かりません。ただ、健康保険より安くないことだけは確かです。

自由診療によるがん治療の多くは、医学的根拠が薄く、料金が不透明です。そのすべてがインチキだとは言いませんが、「助かりたい」という患者の思いを食いものにした商売も少なくないように見受けられます。

それでも、有名人や芸能人がお忍びで受けたとされる自由診療のなかには、効果があるといわれているものもあります。たとえば2018年に亡くなったある大女優は、全身がんと診断されつつも、自由診療の放射線治療を受けて、長期にわたって活躍できたと伝えられています。治療費は数百万円だったそうですが、明細は不明です。また標準的な放射線治療と比べて、どのくらい効果が高いかもよく分かりません。

自由診療の多くは「効いた」という噂《うわさ》に尾ひれがついて拡散するため、「金さえ払えば命が助かる」「がんが消える」と本気で信じるひとが後を絶ちません。

がん保険のなかにも、自由診療に対応した商品があります。たとえば、セコム損保の「ＭＥＤＩＣＯＭ《メディコム》」という商品は、協定病院に自由診療で入院する場合、かかったがんの入院治療費（ガン入院保険金）を保障すると謳《うた》っています。

しかし、これで希望する自由診療が自由に受けられると思ったら大間違い。対象となる病院は、あくまでもセコム損保の協定病院と「がん診療連携拠点病院」に限られているからです。

がん診療連携拠点病院とは、がん医療の地域格差を無くし、全国に標準的ながん医療（健康保険でカバーされる治療）を普及させる目的で、国と都道府県が指定する病院のことです。ですから、その目的から外れるような治療を本気で行うわけがない（＝自由診療を行わない）、と考えるのが常識的な判断というものです。

チューリッヒ生命の「終身ガン治療保険プレミアムＤＸ」も、自由診療を保障の対象としています。「自由診療抗がん剤・自由診療ホルモン剤治療給付金」として、月額40万円が保障されるそうです。これは海外では承認されているものの、日本では未承認の抗がん剤などを使った治療を想定しているそうです。承認されている薬なら、わざわざ自由診療にする必要性はありません。

この保険、なんとなくお得感があるためか、人気を博しているようです。

ここで質問です。「未承認の抗がん剤」などは、いったいどうやって入手すればいいのでしょうか。

国内では売られていないのですから、輸入するしかありません。しかし医師による輸入は、（当然ですが）かなり厳しく規制されています。絶対禁止というわけではありませんが、申請書の作成など、かなりの労力を必要とするのです。そのため患者が個人輸入して、自由診療をやってくれる医師に打ってもらうことになるはずです。

とはいえ、個人が抗がん剤を輸入するのも簡単ではありません。ネットで売っているはずもありません。現地の医師に処方箋《しょほうせん》を書いてもらい、現地の薬局等で入手することになるはずです。しかも日本に持ち込む際は、「原則として1ヵ月分」という制限がかかりますから、実際問題としてはほとんど「無理」、というわけです。

未承認薬の使用が法律で許されているのは、「患者申出療養」のみといっていいでしょょう。これは、先進医療の医薬品版といった制度です。海外で承認された薬を、安全性や有効性を確認するという目的で希望する患者に使ってみるのです。そして、効果が大きいと判断されれば、健康保険の対象にしていこうというものです。

先進医療と同様、薬代は患者が全額負担し、その他は健康保険の適用が受けられます。各地のがんセンターや大学病院に申し込めば、1～2ヵ月のうちに受けられるはずです。もちろん、薬の入手も病院側でやってくれるはずです。

とはいえ、薬代はかなり高額です。

国立がん研究センターのホームページに、国内未承認の抗がん剤のリストが載っています。それを見ると、安いものでも1ヵ月分で80万～90万円、高いものでは300万円、400万円という値段がついています。しかも、患者申出療養は自由診療ではありません。あくまでも健康保険との併用を前提とした制度です。

この原稿を書いている最中に、次のようなニュースが入ってきました。

厚生労働省はがん患者の遺伝情報から最適な治療薬を選ぶ「がんゲノム医療」を全国で受けられるよう医療提供体制をつくる。遺伝子検査を実施し治療方針を決める病院は中核拠点の大病院11カ所に30カ所程度を追加し、合計約40カ所に整える。検査が示した保険外の抗がん剤治療と、保険医療を組み合わせた混合診療を迅速に受けられるようにする。がんゲノム医療は2019年春にも保険適用になる見通しで、がん患者の治療の選択肢が広がりそうだ。
（日本経済新聞2019年1月15日）

もし実施されれば、未承認薬の使用への道が開けます。しかし、これも自由診療ではありません。

期待して「自由診療も保障する」という保険に加入したのに、肝心の自由診療が受けられなかったというオチになるかもしれません。加入を検討しているひとは、納得いくまで保険会社にとことん説明してもらってください。

がん保険も手数料が高い

「つまるところ、『がんに備える』という文脈から離れたほうがいい」

筆者が「がん保険」について出した結論です。虚心に「お金を用意する方法」として評価すると、保険会社が荒稼ぎできる仕組みに見えてきて冷静になれると思うのです。

がんと診断された時に１００万円が給付される、ライフネット生命のがん保険「ダブルエール」で試算してみます。

50歳男性が加入する場合、月払い保険料は２６６１円です。国立がん研究センター「がん情報サービス」のサイトで確認すると、向こう10年で50歳男性ががんに罹る確率は５％なので、見込める給付額は５万円（１００万円×５％）です。

これに対し、10年分の保険料は約32万円に達します。向こう10年の罹患率が15％まで上昇する60歳から加入しても、保険料は３９７５円なので、15万円の見込み給付額のために約48万円払う計算です。

60歳の男性が一生涯でがんに罹る確率は63％に達しますが、60歳男性の平均余命は23・５年なので、63万円の見込み給付額のために約１１２万円の保険料を払うことになります。１１２万円入金すると49万円の手数料が引かれるＡＴＭがあったら、とても利用する気になれないだろうと思います。

とはいえ、「ダブルエール」は、このような試算ができるだけマシかもしれません。診断給付金以外に、さまざまな保障がセットされている大半の「がん保険」では、「いくらの給付金のためにいくら保険料を払うのか」がさっぱり分からないからです。

がん保険のCMは脅し過ぎ

おそらく、分からないほうが保険会社にとって都合がいいのでしょう。

たとえば50歳男性が、アフラックの「生きるためのがん保険Ｄａｙｓ１」のスタンダードプランに加入し、60歳までに保険料を払い終わる設計にすると、保険料総額は３０４万円に達します。

保障内容は、診断給付金以外に、入院給付金・通院給付金・手術治療給付金・放射線治療給付金・抗がん剤・ホルモン剤治療特約・がん先進医療特約など盛り沢山です。お金の使途別に多様な保障を確保しようとすると、当然ながら保険料負担が大きくなるのです。

仮に給付金になるお金の割合が「ダブルエール」並みである場合、３０４万円の保険料のうち、１３０万円を超えるお金がアフラックや代理店に流れることになると見られるのです。テレビコマーシャルなどに力が入るのも当然か……と感じます。

筆者（Ｕ）が保険関連の仕事を始めて二十数年経ちますが、その間には、30代のお客様ががんで亡くなるようなこともありました。闘病生活が10年以上に及んだ方もいらっしゃいましたし、がんが発見されたばかりのお客様とお会いしたことも一度ならずあります。

一方で、「乳がんになったけれど、健康保険の高額療養費制度のおかげで、驚くほどのお金はかからない。がん保険のＣＭなんて脅《おど》し過ぎよ」と語るひともいます。

大病に関する体験談に接すると、何かしら心が動くのは否《いな》めません。

筆者が、「がんに備える」という視点をＡＴＭのイメージに変換してみるのは、心がざわついた状態で、お金に関する正しい判断をする自信がないからなのです。

第３章　介護保険に勝る現実的方策

厚い保障ができるはずのない保険

次のような文章を一読して、読者のみなさんはどう思われるでしょうか。なお、タイトルも文章も、筆者が保険会社のサイト等で見つけたデータなどを織《お》り込み、独自にまとめたものであることをあらかじめお断りしておきます。

「介護は他人事ではありません」

要介護・要支援認定者になる割合は、80～84歳で約４人に１人、85歳以上で約２人に１人です。

「公的介護保険制度」では、介護サービスの費用に対する一般の人の自己負担は１割ですが、一定以上の所得がある人の場合、２０１８年8月に3割まで引き上げられています。

この先、要介護認定者は増え、介護保険料を納める世代は減少する見込みです。人生１００年時代を迎える私たちには、これまで以上に「自助努力」が求められるのではないでしょうか。

介護は他人事ではない
⬅
「公的介護保険」の維持は難しい
⬅
老後の出費は痛い
⬅
民間の保険で備えておきたい

と、考えるひともいらっしゃるかもしれません。

しかし、筆者は「バカバカしい」と感じます。「加齢とともに高まるリスク」を語り、保険加入の必要性を伝えるのは保険会社の常套《じょうとう》手段であり、突っ込みどころが多いからです。

たとえば、

①誰もが要介護状態になる確率が高いのであれば、手ごろな保険料で手厚い保障を得られ

るわけがない。

②国が介護制度の維持に苦労しているのに、保険会社が積極的に介護の問題を引き受けるのはヘンだ。

③よほど、保険料を多めにもらっておく仕組みなのではないか？

といったことは、専門知識がなくても考えられるでしょう。

実際、保険料を設定する際、ひとが要介護状態になる確率をデータより高めに見込んでおけば、保険会社にはお金が残ります。ひとが長生きする確率も高めに見ておけば、さらにお金が余るのです。

はたしてどの程度、保険会社にとって余裕がある設定になっているのか。関連情報が開示されていない時点で、一般のひとたちは「怪《あや》しい」と疑っていいはずです。

介護保険のパフォーマンス

では、民間の「介護保険」に加入したほうがいいのかどうか、具体的に考えてみます。平成28年度の介護保険新契約件数ナンバーワンだった朝日生命の「あんしん介護」を例に挙げます。

介護サービスを限度額まで利用した場合の年間自己負担額（自己負担1割の場合）

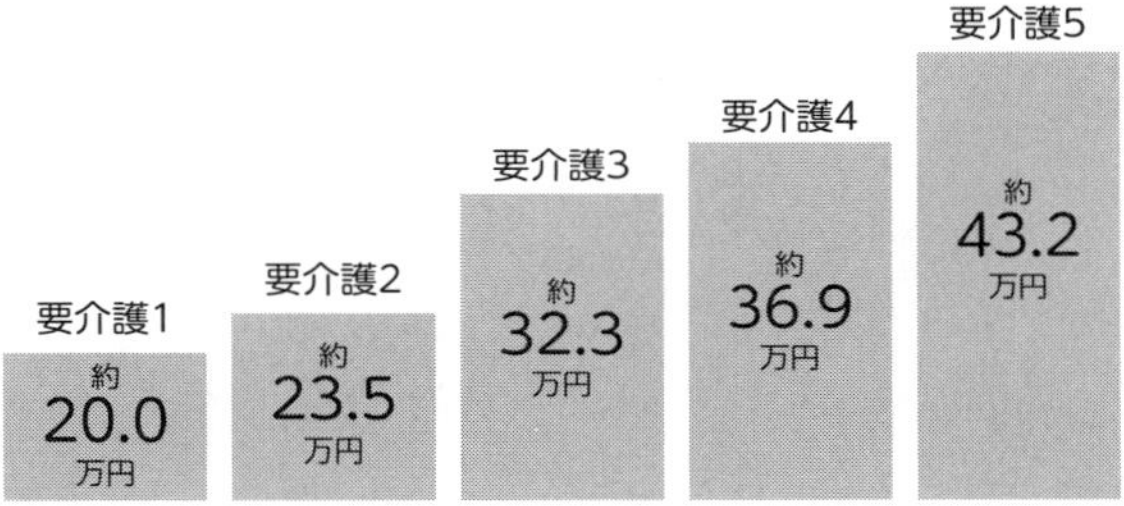

（朝日生命「あんしん介護」HPより作成）

同社のサイトでは、民間の介護保険が必要な理由を、公的介護保険制度によって1割の自己負担で介護サービスを受けられるものの、負担額は要介護度によっても異なり、介護が長期にわたることもある、と説明しています。介護サービスを限度額まで利用した場合の年間自己負担額は、同社の試算では上の図のようになっています。

また、平均介護期間は4年11ヵ月であり、1割の負担でも積み重なると大きな負担になるとも説明しています。

その他、住宅リフォーム費用などにも触れられていますが、とりあえずここまでの説明から、基準介護年金額60万円・介護一時金100万円のプランを選ぶことにしてみます。

「要介護1」から一生涯支払われる年金額

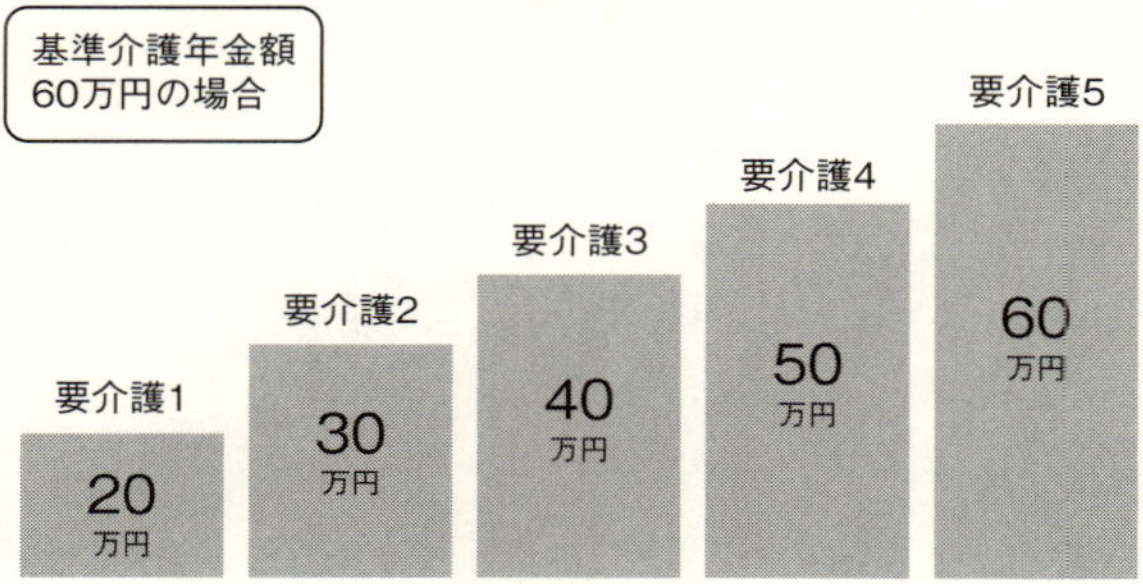

（朝日生命「あんしん介護」HPより作成）

要介護1以上の状態になると、保険料払い込みが免除され、要介護1〜5の状態に応じて、上の図のような年金額が、要介護状態が続く限り、一生涯支払われます。

このプランだと、先の介護サービスを限度額まで利用した場合の年間自己負担額も賄《まかな》えます。さらに、要介護3以上になった場合、一時金100万円も支払われます。

40〜50代からの加入はかなり遠い将来に備えることになりますので、仮に60歳の女性が加入する場合で試算すると、月払い保険料は1万6686円、年間20万232円です。

「要介護状態になっている人の割合」については、厚生労働省の「介護給付費等実態統計（20

要介護1以上になっている人の割合（女性）

年齢	要介護1~5 認定者の割合
65～69歳	1.4%
70～74歳	3.2%
75～79歳	7.5%
80～84歳	18.4%
85～89歳	37.0%
90～94歳	57.9%
95歳以上	81.1%

（筆者作成）

18年7月審査分）」と総務省の「人口推計（2018年7月1日現在　確定値）」から推計することができます。

「あんしん介護」では、保険料払い込みが免除され、年金給付が始まる「要介護1以上になっている人の割合」をまとめたのが上の表です。

また、一時金100万円の支払い対象となる「要介護3以上になっている人の割合」は、94ページの表のとおりです。

気をつけたいのは、「所定の要介護状態になっている人の割合」＝「所定の要介護状態になる確率」ではないことです。

たとえば、要介護2になっているひとのなかには、要介護1から状態が悪化したひともいれば、要介護3から回復傾向にあるひとも混在しているでしょう。

要介護３以上になっている人の割合（女性）

年齢	要介護3~5 認定者の割合
65～69歳	0.7%
70～74歳	1.5%
75～79歳	3.3%
80～84歳	8.1%
85～89歳	17.6%
90～94歳	31.9%
95歳以上	55.3%

（筆者作成）

また、95歳以上で要介護1〜5になっているひとが8割超に達していることにしても、そもそも60歳から95歳まで、生きる確率が25％程度であることを踏《ふ》まえて数字を見る必要があると思います。

そんなわけで、所定の要介護状態になっているひとの割合から、保険加入の費用対効果のようなものを算出することはできません。ほかの商品についても言えることですが、保険会社はやはり、営業担当者や代理店への手数料を含む「契約に要する諸費用」や「給付見込み」を明らかにすべきではないか、との思いを強くします。さもなければ、年間20万円強の保険料を払う妥当《だとう》性が見えてこないからです。

仕方がないので、年金受取期間を介護期間の平均値から5年として、年金額は20万～60万円の間を取って40万円として試算すると、年金総額は２００万円になります。これに一時金１００万円を加えると、「あんしん介護」からの給付総額は３００万円です。

一方、保険料は年間20万円強なので、支払い総額は75歳になる前に３００万円を超えてしまいます。70～74歳時点で要介護１以上になっているひとは１００人中３人程度です。要介護１になった途端《とたん》に１０００万円単位の出費が避けられない、というなら話は別ですが、60歳からでも年間20万円程度の積み立て・運用で、自由に使える自己資金を蓄《たくわ》えることを心掛けるほうが賢明だろう、と思います。

認知症に備える保険はどうか？

朝日生命には、「あんしん介護　認知症保険」もあります。要介護１以上かつ所定の認知症の時、年金30万円と一時金２００万円が給付されるプランに60歳の男性が加入する場合、月払い保険料は５８３９円です。

要介護状態になった原因に占める認知症の割合は、「厚生労働省　平成28年国民生活基礎調査の概況　Ⅳ　介護の状況」の「表20　要介護度別にみた介護が必要となった主な原因」で確認できます。

65歳以上の男性で要介護1以上になっている人の割合

年齢	要介護1~5 認定者の割合
65～69歳	2.0%
70～74歳	3.8%
75～79歳	6.9%
80～84歳	13.7%
85～89歳	25.5%
90～94歳	41.1%
95歳以上	63.2%

（筆者作成）

要介護5は脳血管疾患《しっかん》（脳卒中《のうそっちゅう》）が1位で30・8％を占めていますが、要介護1〜4まで1位は認知症で、割合は次のとおりです。

要介護1　24・8％
要介護2　22・8％
要介護3　30・3％
要介護4　25・4％

多くても3人に1人、おおむね4人に1人以下が認知症と見ることができそうです。

また、上の表は、やはり「介護給付費等実態統計（2018年7月審査分）」と総務省の「人口推計（2018年7月1日現在　確定値）」から、65歳以上の男性で、要介護1以上に認定されている人の割合をまとめたものです。

「要介護1以上になっている人の割合」であり、「要介護1以上になる確率」ではありませんが、要介護1以上かつ所定の認知症に該当するのは、認定者のうちの4分の1程度かと推察されます。70代前半では1％未満、90代前半でも10％くらいでしょうか。

一方、「あんしん介護認知症保険」の保険料総額は、88歳時点で２００万円を超えます。60歳くらいから備える場合でも、10年単位の時間的な余裕があると見て、自己資金を蓄えておくほうがよいだろうと感じます。

親の介護リスクには使えない

ここで本質的な質問をひとつ。あなたは、誰のために民間の介護保険に加入するのでしょうか？

「もちろん自分自身のために決まっている。あるいは自分の面倒を見てくれるパートナーや子供たちのためだ」

もちろん、そうに決まっています。「バカなことを訊《き》くな」と怒られてしまいそうです。

でもちょっと考えてみてください。今、介護リスクにさらされているのは、おそらくあなた自身ではなく、あなたのご両親ではありませんか。仮にあなたが50歳とすると、親は80歳ぐらいでしょうか。まだお元気ならなによりですが、いずれは介護の必要なタイミングが訪れることでしょう。

老人を数多く看取ってきた医者によれば、ぴんぴんコロリで逝《い》けるひとはごくわずか。高齢者100人に1人か2人という狭《せま》き門だそうです。大半の方は、亡くなる前の1ヵ月から半年程度はほとんど寝たきりで介護が必要になるそうです。もちろん、2〜3年寝込むひともいれば、なかには10年以上も要介護生活を強《し》いられるひともいます。

がんや脳卒中ではなく、自然な「老衰《ろうすい》」でも、やはり介護が必要になります。老衰末期になると、すでに筋肉が衰《おとろ》えてしまっているため、歩けない、立ち上がれない状態になってしまうのです。

あなたはこれから、そうなってしまった親を介護するのです。あるいは施設に預けることになります。もちろんお金も時間もかかります。公的な介護保険だけで足りるひとは少数派。当人に十分な蓄えがあればそれで払っていくことができますが、そうでなければ、ある程度の出費を覚悟しなければなりません。

とはいえ、みんななんとかなっているではありませんか。ほとんどの高齢者は、民間の介護保険に入っていないでしょう。入っていたとしても、もらえるのは100万円かそこらです。何年も寝込まれたら、まったく足りません。それでも、本人や家族が「介護破産」したという話は、ほとんど伝わってきません。

子供たちが頑張っているのも事実ですし、時には介護疲れから殺人に至るような悲惨な事件が起こるケースもあります。しかし短期入所・デイサービス・ホームヘルパーなどの制度が充実してきたおかげで、少しずつではありますが、状況は改善してきています。

それに、あなたが今、入っている民間の介護保険は、あなたの親の介護には1円たりとも払ってくれませんよね。つまり、あなたがこれから背負《せお》わなければならない「親の介護」リスクには、まったく役に立たないのです。

介護保険より役に立つ現実的方法

親の介護期間を減らすうえで大切なことがあります。それは、「延命治療」をしないことです。

今の老人の多くは、実は延命治療など望んでいません。自然にお迎えが来るのを待ちたいひとが大半です。おそらくあなた自身も「自分の時は、延命治療は嫌だ」と思っているはずです。もし親が本当に延命治療を望んでいないとしたら、そのまま逝かせてあげるのが本当の親孝行というものでしょう。

ところが、あなたがそう思って覚悟を決めていても、往々《おうおう》にしてままならない事態が起こります。「もうそろそろ……」という段になって、それまでは見舞いにも来なかった兄弟や、会ったこともない遠くの親族が突然やってくることがあります。そして、

「親を見捨てる気か」

「おまえは薄情な奴だ」

などと勝手なことを言い出すのです。そして本人や、それまで介護してきたあなたの意思などそっちのけで、医師に向かって「延命しろ」と騒《さわ》ぎ立てたりします。

こうなると、医者としては何もしないわけにはいきません。前述のとおり、日本ではまだリビングウィルが法制化されていないため、たとえ本人署名の文書があったとしても法律上の強制力はありません。

かくして、そのまま安らかに死ねるはずのひとが、数ヵ月、あるいは1年以上も意識が戻らないまま、寝かされ続けることになったりするのです。しかも「延命しろ」と騒いだひとびとは、二度と見舞いにやってきません。余計な医療費や介護費用がかかりますし、だいいち、続けて介護させられるほうはたまったものではありません。

また、介護現場で働くひとたちが必ず口にするのが「胃ろう」の問題です。飲み込む力が弱ってきたお年寄りのお腹に穴を開け、そこから胃に強制的に流動食を流し込むのです。栄養状態が改善するため、うまくいけば2〜3年も寿命を延《の》ばすことができます。しかし、同時にそれは、介護期間の延長を意味します。

介護士たちは口を揃《そろ》えて、「胃ろうだけは絶対いやだ」と言います。寝たきりで意識のない老人に流動食を流し込むのは、もはや医療でも介護でもないと言い切る介護士もいるほどです。

もしも親の介護を長引かせたくなかったら、そして、あなた自身が介護に押《お》し潰《つぶ》されたくなかったら、いざという時に、これらのことを思い出してください。そのうえで適切な決断をしてください。

また、もし、あなた自身が倒れて要介護になった時、延命して欲しいのか欲しくないのか、胃ろうはどうなのかを、今のうちからパートナーや子供たちとよく話し合っておくべきです。そのほうが、へたに民間の介護保険に入るよりも、いざという時にはるかに役に立ちます。

その保険、30～40年後に使える？

それに、あなた自身が要介護になるのは、〝かなり先〟のことです。先ほど述べたように、要介護３以上になるひとは70代後半で約３％です。

寿命は延び続けています。今50歳のひとの実質的な平均寿命は、序章で示したとおり、男性約88歳、女性約95歳です。要介護になる年齢も、今後はその分上がっていくと考えるのが自然でしょう。

「健康寿命」はご存じですよね。平均寿命のうちで、医療や介護のお世話にならずに自分で自立した生活ができる期間のことをいいます。厚生労働省が発表した最新（２０１６年）の数字によれば、男性72・１４歳、女性74・７９歳。平均寿命と比べて男性は８・８４歳、女性は12・３５歳、短くなっています。

この数字を見て、不安を抱くひとも多いはずです。男性なら72歳、女性でも75歳ぐらいで要介護になり、しかもその後は、10年前後も不自由な生活を強《し》いられるかもしれない、そう思ってしまうからです。

しかし、健康寿命はかなりいい加減な数字です。政府が３年ごとに行う「国民生活基礎調査」に基づいて計算されるのですが、それは単なるアンケート調査に過ぎません。

しかも健康に関しては、「あなたは現在、健康上の問題で日常生活に何か影響がありますか」という設問に対し、「ある」と答えたひとは不健康、「あなたの現在の健康状態はいかがですか」の問いに「よい」「まあよい」「ふつう」と答えたひとは健康、といった具合に分けているだけなのです。

調査対象は全国約29万世帯、約71万人。あらゆる年齢を含んでいます。

そして各年齢の〝健康者〟と〝不健康者〟の割合を出し、各年齢の実際の人口をもとに健康者と不健康者の人数を推計します。そして健康者の平均年齢を計算した結果が、健康寿命というわけです。医学的根拠はなく、調査に参加したひとの主観に基づいているだけの数字です。

子供からお年寄りまでを対象にしていますから、たとえば20歳のゲーム好きの若者が、寝不足で体調が悪いので「健康に問題あり」と回答したとすれば、そのまま健康寿命に反映されてしまいます。

ところが保険会社のなかには、ことさら大げさに健康寿命と平均寿命の差を取り上げて、「老後の介護は長いぞ」と脅《おど》しをかけているところがあるのですから、悪質です。

ただし健康寿命にも、ちょっと参考になる部分もあります。

それは、平均寿命の延びとほぼ同じ速さで健康寿命も延びている、ということ。たとえば2001年における健康寿命と平均寿命の差は、男性8・67歳、女性12・28歳でした。それが2016年には、男性8・84歳、女性12・35歳ですから、ほとんど変わっていないのです。一方この間、平均寿命は男性2・91歳、女性2・21歳も延びています。

ここから逆に、寿命が延びれば要介護になる年齢が上がる、ということが想像できます。なにしろ「健康に問題あり」のなかには、要介護のひとも含まれているわけですから。

もっと具体的な数字を示すこともできます。

厚生労働省が公表している「介護保険事業状況報告」(2016年)をもとに計算すると、前期高齢者(65〜74歳)の人口に占める要介護(要支援)認定者の割合(男女計)は、次のようになっています。

2006年　5・1%
2016年　4・1%

この間、平均寿命（男女計）は約1・6歳延びています。

さて、お分かりでしょうか。

今50歳のひとの実質的な平均寿命は、男女とも現在よりも7～8歳も延びるのです。ですから、今50歳のひとが前期高齢期のうちに要介護（要支援）になる確率は、せいぜい1％台。70代後半で2～3％。80代前半でも5％程度になるはずだ、ということです。

本格的に介護が心配になってくるのは、80代後半になってからです。

ということは、40代や50代で今から民間の介護保険に入ろうかと検討しているひとは、実は30年後、40年後のリスクを心配していることになるわけです。

でも、よく考えてみてください。介護保険制度は、そんな先まで「現在のまま」でしょうか。社会状況の変化とともにだいぶ変わっている、と考えたほうが現実的というものではないでしょうか。

おそらく保険会社も、そういう未来は見通しているに違いありません。そのため、加入10年目、20年目といった節目ごとに、「新しい保険」への乗り換えをすすめてくることでしょう。そのたびに、今まで払った保険料の何割かが目減りします。そして、イチからとは言わないまでも、ハンデを負いながら新たな積み立てが始まります。

リスクに備えるつもりで入った保険が、逆にリスクや重荷になってしまう可能性が高いのです。

ロボットが変える介護のミライ

それに、介護保険制度が変わるより前に、〝技術〟が介護をめぐる状況を一変させてしまう可能性がぐんと高まってきました。

HALという名のロボットスーツがあります。日本のサイバーダインという会社が開発した、世界初の実用的パワードスーツです。足腰に着けると、HALが筋肉と関節をサポートしてくれるため、脳梗塞《のうこうそく》などで下半身に麻痺《まひ》が残るひとでも、立ち上がって歩くことができるようになります。効果が大きいので、最近ではリハビリ機器として健康保険の対象にもなっています。

また、上半身型のHALを装着すると、非力な女性でも、重いものを軽々と持ち上げることができるようになります。

介護で肉体的にもっともきついのが、老人をベッドから車いすに移したり、寝たきり老人の体位を変えたりすることだといいます。そのため、介護士の多くが腰痛などに悩まされているのですが、HALを使うと、そうした作業が楽々とできるようになるのです。全国の介護施設で導入が始まっており、ちょっとした「介護革命」が起こりそうな勢いです。

ＨＡＬに限らず、ロボット技術は驚くほど急速に進歩しています。

２０１８年の暮れ、『五体不満足』（講談社）の著者である乙武洋匡《おとたけひろただ》さんが、ロボット義足を装着して歩いたというニュースが世間の注目を集めました。

ご存じのとおり、乙武さんは先天的に両手両脚がほとんどないため、移動のためには専用の電動車いすを使っておられます。

そんな乙武さんのために、ロボット義足を開発しようというプロジェクト「OTOTAKE PROJECT」が始まり、クラウドファンディングで資金を集めるなどして、実現に漕《こ》ぎつけたのでした。

完成した義足を実際に装着して訓練したところ、自力で立ち上がり、歩くことに成功したというのです。その様子を記録した動画は、インターネット上に公開されていて、誰でも観ることができます。

この映像を観る限り、まだまだ「完全」「十分」と呼べるレベルではありません。しかし技術の進歩はとどまるところを知りません。数年もすれば、乙武さんは健常者と同じように、颯爽《さっそう》と銀座の街を闊歩《かっぽ》しているかもしれません。

脳波を使ってロボット義手を制御する研究も進んでいます。脳波は、脳表面に発生する微弱な電流ですが、頭皮を通して検出することができます。しかも、人間の思考や感情によって変化します。それを応用したのが「脳波計」で、患者の睡眠の質や脳神経障害などの診断に使われています。

この技術をコンピュータやロボットの操作に応用したのが、ＢＭＩ（Brain Machine Interface）と呼ばれるものです。たとえば、脳波測定用の電極を数十個取り付けたヘッドギアを被験者に被《かぶ》ってもらい、さまざまな言葉や記号、動きなどを頭のなかで念じてもらいます。すると、被験者が思ったことによって脳波のパターンが変化します。その変化をコンピュータに取り込んで分析し、ロボットに命令を出すのです。

すでに基礎研究の段階は終わり、実用化に向けた本格的な開発が始まっています。YouTubeには、ＢＭＩを使ってロボット義手を操作し、水の入ったコップを持ち上げるといった映像がアップされています。

ロボットを操作できるくらいですから、頭のなかで考えた言葉をコンピュータの画面に表示したり、音声に変えてスピーカーから流したりすることも可能になるはずです。そうなれば、神経難病などで話せなくなったひととも会話できるようになるでしょう。

最近の技術開発は、人工知能やビッグデータといった情報技術を駆使《くし》しているため、かつてないスピードで突き進んでいます。こうした夢のような技術も、ほんの数年で実用的な水準に到達するはずです。

介護用のさまざまなロボットが製品化され、比較的安価に供給されるようになるのは、おそらく２０３０年ごろからです。そのころまでには、完全自動運転車も実用化されています。Uber（ウーバー）のような配車サービスと組み合わせることで、からだが不自由な高齢者でも行きたいところに自由に、しかも安価に行けるようになるのです。

現在は、介護は人手に頼らざるをえないうえに、要介護年齢が上がってきていることから、「老々介護」を心配するひとが大勢います。現に、老々介護で苦労している方も大勢おられます。しかし、あと10年もすれば、さまざまな最新技術によって、介護そのものが大きく変わってくるのです。

介護保険は5年待ってもいい

とはいえ病気にならず、介護のお世話にもならず、「健康に過ごせること」がなんといってもいちばんです。

確かにロボットなどの技術は、筋肉や関節の衰えをカバーしてくれます。ほかにも目や耳など感覚器の衰えをカバーする技術の開発も進んでいます。とはいえ、胃腸や肝臓の衰えまでは面倒を見てくれません。iPS細胞を使った再生医療に期待がかかりますが、さすがに臓器の再生は難しそうです。

とくに深刻なのは、脳の老化です。

健全に歳をとっても、少しずつ物覚えが悪くなったり、物忘れがひどくなったりします。まして認知症は、ロボットや人工知能ではどうにもなりません。考える力が弱ってしまっているので、せっかくのBMIも活躍できないですから。

しかし科学者たちが考えることは、いつも一味違います。

「だったらいっそ、歳をとらなければいいではないか」

かなり乱暴な発想です。でも、それに向けた研究が、世界中で活況を呈《てい》しています。

ノーベル賞級の一流研究者たちが続々と参入してきていますし、世界的IT企業や製薬会社、富裕層たちが、こぞって湯水のように研究費を出しています。Googleは、アンチエイジング研究のための新会社を作ってしまいましたし、Amazonの創業者も同じようなスタートアップ会社に出資したりしています。

歳をとらないための科学技術を総称して、「アンチエイジング」と呼んでいます。

中高年女性の肌のシワ、シミ、タルミなどのケアを思い浮かべるひとが多いでしょうが、それらはアンチエイジングの一部に過ぎません。

究極の目標ははるかに高く、なんと「不老不死」を目指しているのです。さすがに、一足飛びに不老不死が実現できると考えている科学者はほとんどいませんが。

当面の目標は、できるだけ老化を遅らせて、仕事もプライベートも「生涯現役」を実現すること。それと、今世紀中には人間の寿命を１５０歳ぐらいに延ばすことに絞《しぼ》られてきました。

アンチエイジングの研究はまだそんなに進んでおらず、あっと驚くような大発見・大発明はなされていません。しかし老化を遺伝子レベルから捉え直すことによって、老化を抑えるための方法が徐々に明らかになっています。また、老化を防ぐ食材や栄養素の研究も飛躍的に進んできています。

10年か20年後には、確実に効果のあるアンチエイジング薬や方法が確立されるかもしれません。私たちの寿命は、もっと延びることになるかもしれないのです。

そんな未来に、あなたが迷っている介護保険は、どれだけ役に立ちそうですか。

科学技術の進歩は、一般人の想像をはるかに超えています。仮に介護保険に入るにしても、せめてあと5年、待っていたほうがいいでしょう。その間に画期《かっき》的な発明や発見がなされるかもしれないのですから。

第４章　貯蓄・運用目的の保険はいらない

「保険貧乏」のある共通点

保険料が家計を圧迫する「保険貧乏」と呼ばれる状況に陥《おちい》るひとたちには、ある共通点があります。「解約時や満期時に、まとまった額のお金が払い戻しされる保険」に多額のお金を使っているのです。

「戻ってくるお金」がある保険に関する評価は、一般のひとには難しいと思います。そもそも、保険会社の営業部門でまっとうな金融教育が行われていないため、誤《あやま》った判断がなされがちなのです。

そこで本章では、貯蓄性が語られる商品のタイプ別に、具体的なセールストークやキャッチコピーの問題点を指摘し、正しい対処法をお伝えします。

貯蓄商品の正体

はじめに、貯蓄性があるとされる保険全般について、利点であるかのように誤認されているポイントを指摘していきます（順不同）。

①長期的に預金よりお金がふえる

この論法には、2つの間違いがあります。まず、預金との比較でお金のふえ方を語ることは厳禁です。いつ引き出してもマイナスにはならない預金と、契約直後から元本割れ期間がある保険とでは、リスクがまったく異なるからです。

次に、将来の払戻金を保険料総額で割って算出した「返戻率《へんれい》」を用いて、「20年後に100%を超え、30年後には115%になるから預金より有利」などと評価するのも禁物です。たとえば、インフレで貨幣価値が下がるリスク、保険会社が破綻《はたん》するリスクなどを考慮して、将来のお金の価値については、額面より必ず割り引いて評価しなければならないからです。将来の100%は常に100%未満なのです。

仮に、「今期のボーナス100万円の受け取りを20年待つと110万円になる」と言われたとしましょう。その時、単純に「10万円も得する！」と考えるひとがいるでしょうか。20年の間に、税金や社会保険料負担が増えることを予想してみるだけでも、とても好条件とは思えなくなるはずです。

額面でも100%を超えるのに何年もかかり、「長期的には……」と語られる時点で、不利だと理解すべきなのです。

②計画的な資金準備が可能になる

学資保険や個人年金保険など、お金の使い道や資金需要が発生する時期に合わせた商品を案内する際に、利点として語られます。

しかし、「そもそも人生におけるイベントに合わせて、計《はか》ったように有利にお金をふやせる方法があるだろうか」と想像してみてほしいのです。

本当にそんなことができるのなら、誰もお金に困らないのではないでしょうか。商品開発者などは、保険会社で働かなくても、その手法を金融機関に売ったらいいでしょう。

一般のひとは、「進学時など人生におけるイベントやお金の用途などに対応して提案される金融商品は怪《あや》しい」と警戒したほうがいいのです。

③強制貯蓄機能がある

「預金だとすぐに引き出して使ってしまうが、保険だといつのまにかお金が貯まる」

保険の強制貯蓄機能について、こうした説明がなされます。嘘ではないと思います。

とはいえ、取り立てて評価すべきことでもないでしょう。要は解約にひと手間かかる仕組みを利用すれば強制貯蓄機能が期待できる、という話です。別に保険に限定せず、預金や投資信託での積み立てでも構わないはずです。

④生命保険料控除が受けられる

「生命保険料控除」については、クレジットカードなどのポイント還元のようなものと考えたらいいと思います。還元があるのはいいとして、そもそも有用な買い物なのかが重要だということです。

現状、貯蓄性が語られる保険は総じて検討に値《あたい》しません。固定の低金利で長期契約を結ぶことになるからです。金利が低い時に固定金利で長期契約を考えたいのは、住宅ローンのようにお金を借りる場合です。

お金をふやしたいひとは、保険以外の選択を考えるべきで、そもそも生命保険料控除の利点を重視しても仕方がないのです。

保険商品ごとの利点・難点

以下、具体的な商品別に留意すべき点をお伝えします。

①個人年金保険

商品名から「老後資金準備に最適」と感じるひとがいるかもしれません。しかし、優れているのはネーミングくらいだと感じます。お金がふえにくいからです。

たとえば、30歳の女性がある保険会社から取り寄せた「個人年金保険」の設計書では、65歳時に年金を一括で受け取る場合、返戻率は104％にとどまっていました。

生命保険料控除による税負担軽減効果を加味しても、22年間も元本割れが続くのです。その間、物価が上がればお金の価値は下がりますし、金利が上昇する局面でほかの金融商品に乗り換えようとする場合も損失を伴《ともな》うことになります。

23年目から元本を回復し、若干でもプラスに転じることより、「いつ解約しても損が出る状況が22年も続く」ことが分かる時点で「ダメ」と判断しましょう。

老後までお金を動かさないで一定額を積み立てる場合、ぜひ利用したいのは、「確定拠出年金」です。本書では詳しく触れませんが、税軽減効果など保険とは比較になりません。

たとえば、所得税率20％の会社員が個人年金保険に加入しても、所得税の軽減額は最大で年間8000円ですが、個人型確定拠出年金の上限である毎月2万3000円を積み立てた場合は、5万5200円少なくなります。住民税も加えると8万2800円です。商品選びなどに関して、若干、勉強する必要はあるものの、「利用しないのはもったいない！」と声を大にしておきます。

②学資保険

学資保険では、子供が一定の年齢になるまで払い込んだ保険料から積み立てられたお金が給付金の原資となります。給付金は、中学・高校・大学などの進学時に一定額を受け取るタイプ、大学進学時に満期金を受け取るタイプ、大学進学後に毎年、一定額を受け取るタイプなどがあります。

保険期間中に契約者が死亡した場合、高度障害状態になった場合などには、以後の保険料払い込みが不要になり、給付金が受け取れますが、死亡保障にかかる費用がある分、貯蓄性は下がることになります。

そもそも、学資保険で用意できるのは進学時に満期になるよう積み立てたお金であり、子供にかかるお金の一部に過ぎません。進路によるとはいえ、教育費だけでも1000万円くらいかかると見た場合、出産を機に真剣に取り組む必要があるのは〝家計全体の見直し〟であって、学資保険選びではないはずです。

学資保険は、保険業界では「ドアノック商品」と呼ばれています。学資保険を扱う会社は、ほかの商品を売るための突破口にしたいのです。対面販売に携《たずさ》わるひとたちの営業力を甘く見てはいけません。

子供が生まれたからといって、すぐに学資保険を検討するひとは、その後の人生における保険料負担が増えやすくなると思います。老後が長くなることを想像すると、保険との付き合いは最小限にとどめるべきです。「子供が生まれたら学資保険」は、昔話にしてしまいましょう。

③終身保険

終身保険は、一生涯の死亡保障があるので「相続対策」には有用です。現預金と違って、保険金に関しては500万円まで非課税という枠がありますし、受取人を指定できるのも便利です。

ただし、老後に解約するとまとまった額の払戻金があることに着眼し、貯蓄商品として利用するのは間違いです。

「解約返戻金を老後の生活費・医療費・介護費など多目的に利用できる」といったセールストークも真に受けてはいけません。お金（現金）であれば、どんな費用にもあてることがで

「終身保険」の仕組み

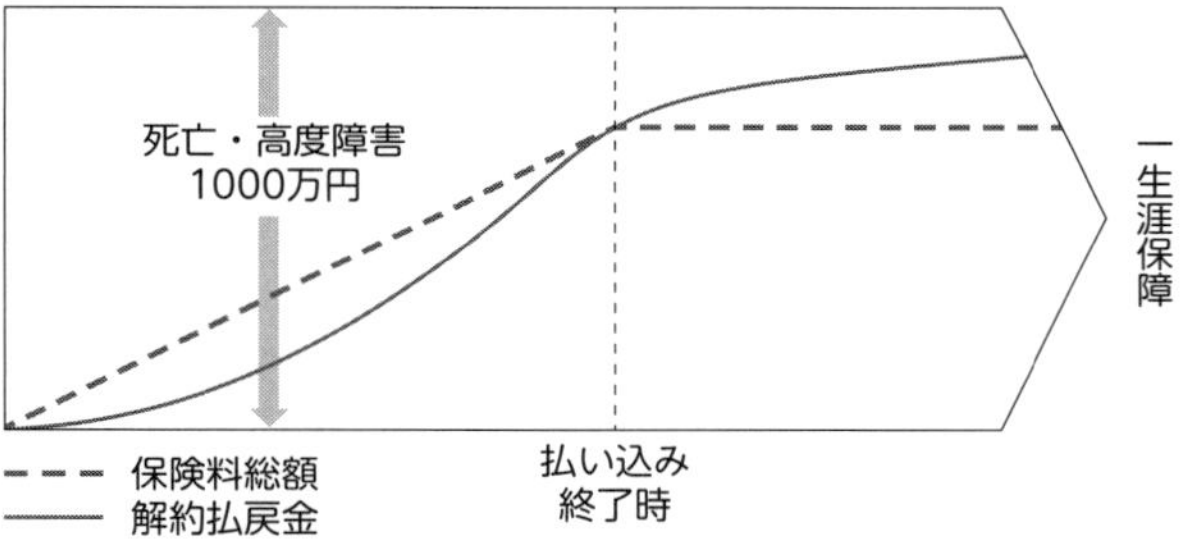

＊縦の点線は保険料払い込み終了時

（筆者作成）

きるからです。大事なのは「お金がふえやすいのか」ということです。終身保険は、明らかにお金がふえにくいのでおすすめできません。

たとえば、一生涯1000万円の死亡保障があり、解約時に保険料総額を上回る払戻金があるケースもある「終身保険」の仕組みは、上の図のようになっています。

10年・20年といった一定期間の死亡保険金額と満期金の額が同額である「養老保険」も、保障期間の長さが違うだけで終身保険と同じ仕組みです。

契約期間中、常に保険料総額を上回る死亡保障があり、解約時に保険料総額を上回る払戻金がある場合、「損をしない保険」と見られがちですが、間違いです。122ページの図のように、解約時の払戻金の曲線に沿って図を分解すると分かります。

「養老保険」も仕組みは終身保険と同じ

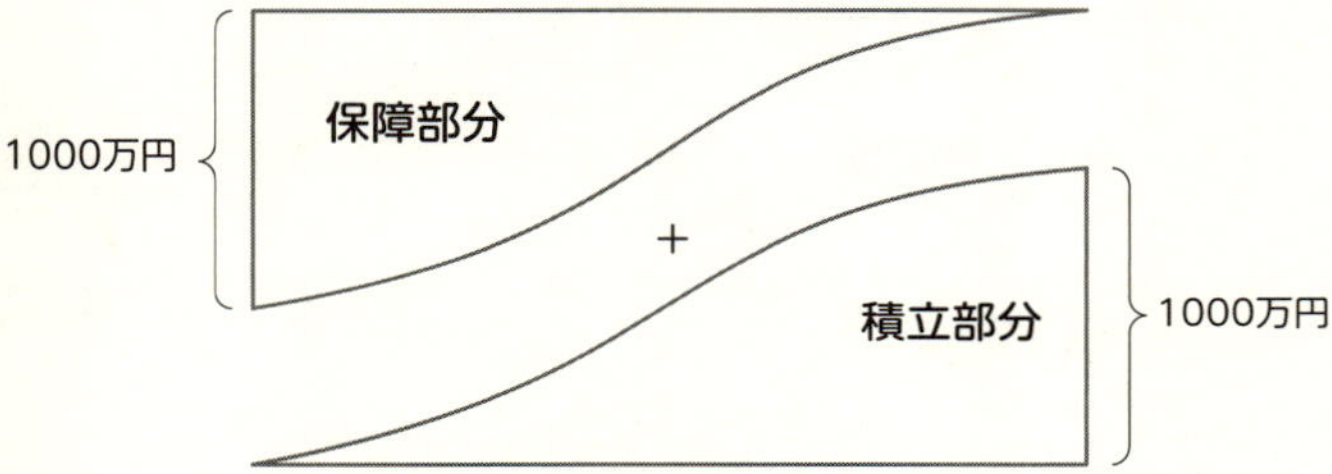

（筆者作成）

保障部分は、今日・明日の死亡保障を提供します。一方、積立部分は将来の保険金支払いに備えるもので、毎月、保険料の相当額が積み立てに回ります。保障部分が契約後の経過年数とともに小さくなっていくのは、保険金支払いの原資が「保障部分＋積立部分」だからです。積立額が死亡保険金の額に近づくにつれ、保障部分はゼロに近づくわけです。

保険会社は、あらかじめ加入者の死亡率を高めに見込んで保険料を設定しているので、保障部分で「支払い見込み－支払い実績」の差益を得ることができます。

積立部分のお金のふえ方については、１２３ページの図のように認識すると分かりやすいと思います。

通常、グラフの原点からお金が右肩上がりにふえるイメージです。ところが保険の場合、契約当初は元本割れが続きます。営業担当者や代理店に契約初期に支払われ

積立部分のお金のふえ方

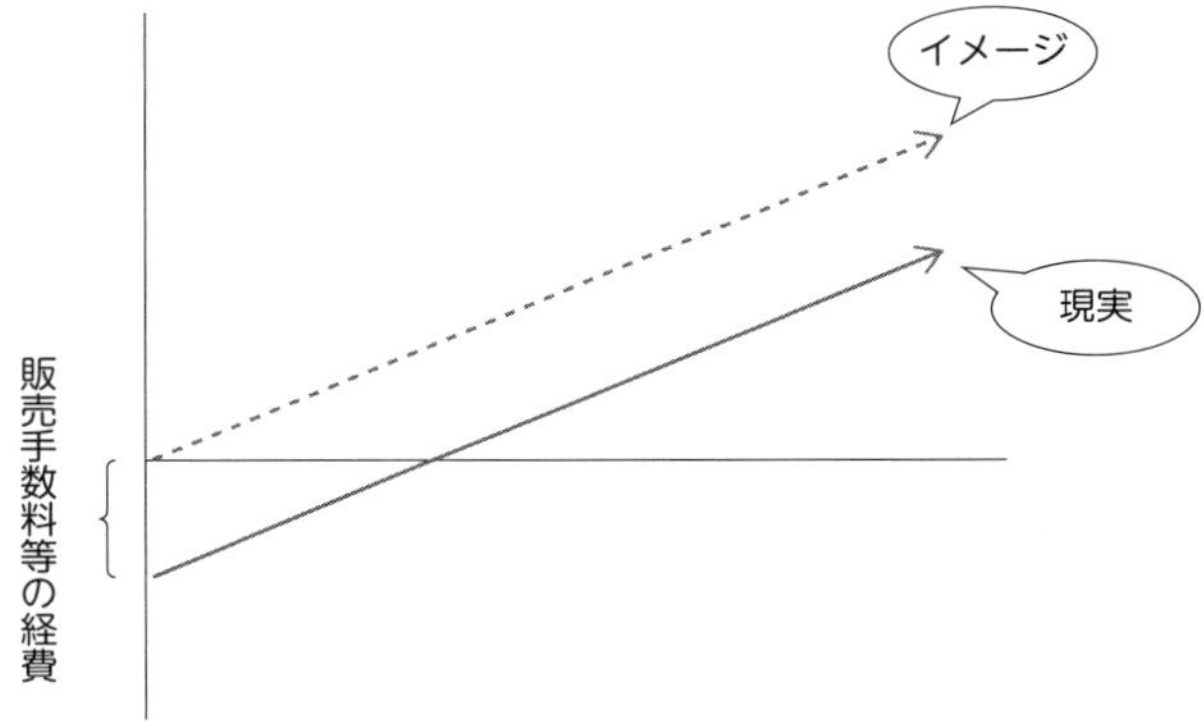

（筆者作成）

る手数料等の経費が高くつくため、マイナススタートを強《し》いられるのです。

これは、終身保険以外の貯蓄商品についてもいえることです。「提案書」「設計書」などで、加入から1年後の払戻額を確認し、「少ないほど貯蓄性が落ちる」と判断して構いません。

「そもそも保険商品は、1年後に解約する前提で設計されていない。無意味な指摘だ」といった反論もありますが、貯蓄性について考える場合、きわめて重要な判断材料になります。代理店などの口座に入るお金は、積み立てに回らないからです。

「長期的には元本を回復する」といった説明も、「元本回復までに時間がかかるのは、初期費用が大きな打撃を与えるせいだ」と理解できるでしょう。

さらに、「終身保険では、いつか必ず死亡保険金が支払われるので元が取れる」と考えるのも禁物です。遠い将来の保険金は、大半が積立金です。それは、「手数料等をさんざん引かれた後の自分のお金」なのです。ありがたがっている場合ではないでしょう。

122ページの分解図が教えてくれるのは、保険にしかできないのは〈保障〉だということです。「保障と貯蓄を兼ねる」といわれることもある「終身保険」は、保障部分と積立部分の両方から手数料が引かれる「加入者の持ち出しが大きい保険」と心得たほうがいいのです(もちろん、仕組みが同じである「養老保険」にもいえることです)。

④変額保険

変額保険は、保障機能に加え、運用面での利点が語られます。保険料の相当部分を投資信託などで運用するため、株式や債券などに分散して投資する効果や、月払い契約の場合、毎月一定額を積み立てることで、時間を分散する効果が語られるわけです。

たとえば、アクサ生命のサイトでは、「ユニット・リンク」という保険について、「死亡保障を準備しながら、積極的な資産形成ができる変額保険です」と案内されています。死亡保障と資産作りの両方を行いたいひとは、子育て中の夫婦など、少なくないだろうと思います。ただし、1つの金融商品で行うのは不便に違いありません。

まず、死亡保障の確保にお金がかかり過ぎるのが難です。同社のサイトにある契約例では、30歳男性が30年間901万円の死亡保障を持つのに、月払い保険料は2万円となっています。0歳児がいるひとで、それなりの死亡保障が必要な期間は20年強で、当面の万が一に備えるには900万円程度では不足し、成人後は900万円も不要なこともあるでしょう。

仮に30歳男性が、900万円の死亡保障を25年持つ場合、保険料が安い会社の「定期保険」を使えば、月払い保険料は1600円程度で済みます。遺族年金に上乗せするつもりで、55歳まで月々15万円の保険金が給付される「収入保障保険」を利用する手もありますが、その場合、保険料は3000円弱です。

一方で、運用期間を30年などと区切る必要はないはずですし、単身者の場合、そもそも死亡保障が不要でしょう。

また、運用目的での利用も考えられません。コストが異様に高いと見られるからです。

127ページの表は、「ユニット・リンク」の契約例から筆者が作成したものです。運用実績0％の場合、保険料払込総額720万円に対し、30年後の満期金額は558万円です。つまり、「差額の162万円が積み立て・運用に回らない」と見られるのです。先に書いたように、死亡保障のため3000円の保険料を30年間払っても、総額は108万円、子供が成人するまでの20年に限定したら、72万円です。

死亡保障と資産作りという2つの機能を合体させた商品があるのは、仕組みを複雑にすることで手数料を稼ぎたい保険会社の都合に過ぎないのではないでしょうか。

手数料等、契約に要するコストを考える材料としては、東京海上日動あんしん生命の「マーケットリンク」もあります。同社のサイトの契約例では2・75％の運用例でも20年間、元本割れが生じていますから、「20年もの間、3％近いコストがかかる」と見られます。念のためにマーケットリンクのレポートを確認すると、主な運用会社は東京海上アセットマネジメント株式会社で、資産運用関係費用は年率0・2～0・3％程度です。変額保険の加入者は、グループ会社への仲介料を余分に取られ、保険会社の資産形成に役立つのではないか、と思えてきます。

アクサ生命　ユニット・リンク（有期型）

経過年数	保険料（累計）	運用実績と解約返戻金	
		0%の場合	3%の場合
1年	24万円	1万円	1万円
10年	240万円	187万円	218万円
30年	720万円	*558万円	*901万円

男性30歳、保険期間・保険料払込期間：30年
基本保険金額：901万円、月払い保険料：2万円の場合
*は満期金額

（筆者作成）

筆者は、変額保険の利点は本来、運用が好調な場合、死亡保険金が増えることにあると考えています。定額保険では、インフレリスクに対応できないからです。

とはいえ、「ユニット・リンク」のサイトにある例では、20年間6％で運用できた場合でも保険金額は変わりません。かなり楽観的と思えるシミュレーションでも、死亡保険金の増額は見込めないのです。死亡保障を持ちつつ、資産形成も行いたいひとは、それぞれ別々にやるほうがいいに違いありません。

⑤外貨建て保険

「営業のひとに、『銀行預金よりお金がふえる』と言われて入りました」

「投資は怖いけど、保険では将来の払戻額が決まっているのがいいと思いました」

保険相談に来たお客様に、外貨建て保険に加入した理由を尋《たず》ねると、しばしばこのように返答されることがあります。

外貨建て保険とはどのような保険なのでしょうか。たとえば、メットライフ生命のサイトでは、「USドル建てなどで『万一』にそなえながら、将来のための資産形成ができる保険です。さらに、円以外に資産を持つことによりインフレによるリスクにそなえることができます」と定義されています。

代理店などのセールストークも似たようなものですが、利用価値の判断は簡単です。まず、「終身保険」「養老保険」など、死亡保障がある場合、資産形成・運用目的での利用は考える必要がありません。死亡保障にお金がかかるぶん、積み立てや運用に回るお金が減るからです。

ところが現実には、外貨建ての終身保険などが、現役世代には資産形成目的で、まとまった資金があるひとには預金などより有利な運用手段として紹介されています。

とくに気をつけたいのは、パンフレット等にある「積立利率　最低保証　年3％」といった記述です。長年ほぼゼロの金利に慣れた一般のひとたちには、とても魅力的に見えるよう

設計書例

経過年数	保険料累計額（USドル）	積立利率3％ 解約返戻金（USドル）	返戻率
1年	2,861	543	19.0％
5年	14,304	10,994	76.9％
10年	28,608	25,724	89.9％
15年	42,912	41,580	96.9％
20年	42,912	46,432	108.2％
30年	42,912	57,333	133.6％

（メットライフ生命設計書より筆者作成）

ですが、断じて額面通りに受け取ってはいけないのです。

上の表を見てください。ある代理店から取り寄せた設計書の数字を紹介しておきます。保険金額10万ドルの米ドル建て終身保険に30歳男性が加入する例で、保険料払込期間は15年、月払い保険料は238・4USドルです。

筆者が相談を受けたひとたちの場合、30代であれば、設計書の20年後や30年後の解約返戻金や返戻率に蛍光ペンで線が引かれていることが一般的です。30年後の返戻率が133・6％であることなどが注目されているわけです。

しかし、1年後の返戻率に注目してほ

しいのです。初年度の保険料の80%超が積み立てに回らない仕組みであると推察できるでしょう。15年後でも元本割れが続いています。積立利率3%といっても、手数料等が高くて積み立てに回るお金が少ないからです。

同時に、「だからこそ代理店などが販売したがるのではないか」という見方もできるかもしれません。実際、円建ての保険に比べ、外貨建て保険は手数料率が高めに設定されていることが一般的だからです。

返戻率にしても、あくまで外貨ベースであり、為替《かわせ》次第で100%未満に変わります。最低保証といった言葉に惑《まど》わされず、「販売側の取り分が大きい仕組みは、加入者には不利」と認識すべきなのです。

そもそも、保険の貯蓄商品は、円の金利低下に伴い値上げが繰り返されています。仮に外貨運用で安全確実にお金がふやせるのであれば、保険料据《す》え置きで構わないはずです。保険会社のひとたちは、「外貨での運用益は為替リスクに見合わない」と認識しているのです。

筆者は、個人がリスク分散のために円以外の資産を持つ意義は認めています。それでも、外貨建て保険は避けたいと思います。外貨建ての終身・養老・介護などすべてです。

代理店手数料をはじめ、契約に要するコストが高いからです。未開示情報なので、一般のひとには分からないはずです。したがって、「コストが分からない時点で手を出さない」と決めていいと思います。

たとえば、先のメットライフの商品では、パンフレットに契約の締結・維持や運用その他諸々の費用がかかることが記されているものの、「これらの費用は、保険金額・契約年齢・性別・経過期間などによって異なりますので、一律には記載できません」とも付記されています。メットライフに限ったことではありません。モデルプランにおける明示すらないのは、妥当《だとう》性を証明できないからではないでしょうか。

そんなわけで、外貨建て保険の利用が考えられるのは、「死亡保険金などを外貨で受け取る必要があるひと」くらいだと思います。保険会社からすると、外貨ベースでの運用益は高めに見込めるため、保険料を安く設定できるからです。金利が下がると円建て保険が値上がりするのは、「運用環境が悪化した」と見なされるからですが、外貨ベースでの保険設計においては、運用益の見込みが高くなる分、保険料を割り引いておけるのです。

とはいえ、保険金を外貨で受け取る必要があるひとは多くないでしょう。したがって、大半のひとは、外貨建て保険は検討しなくても構わないはずです。貯蓄性を評価すべき保険ではないからです。「今時、預金ではお金がふえません」「円だけで資産を持つことにはリスクがあります」などと切り出された時点で、相手にしなくていいのです。

一時払い保険にプラス効果はない

ここまで、毎月保険料を払い込む契約について取り上げてきましたが、貯蓄性が語られる保険には、まとまった資金を一括して払い込む「一時払い保険」もあります。銀行員が、退職金が入ったひとなどに運用目的での利用をすすめるケースなどが想像しやすいでしょう。ただし、保険料の払い込み方法が変わっても判断は同じです。「一時払い終身保険」が相続対策に使える程度、という認識で構いません。

わずかな開示情報を確認するだけでも、手数料等が高いため、運用には向かないのです。たとえば、ある大手保険会社が休日に首都圏のシティホテルで開催した無料セミナーで案内されていた外貨建て保険の場合、販売手数料が一時払い保険料の7％です。保険料1000万円を払うと70万円もの初期費用が引かれ、930万円から運用が始まるのです。ほかにも、死亡保障に要する費用など諸々のコストがかかります。

米ドル建ての保険であれば、保険会社は保険料を米国の長期国債で運用しますから、相対的にずっとコストが低いネット証券などで、米国債を購入するほうがマシなのです。

「投資は怖いけれど、保険なら安心かもしれない」などと思っているひとは、「きわめて不利な条件で外国債券投資を行うようなことになる」と認識を新たにする必要があります。

そもそも、一時払いの「外貨建て保険」や「変額保険」は仕組みが複雑で、販売員がデメリットを理解していない商品も珍しくありません。一般のひとは、「難解な商品＝顧客不在」と考え、敬遠するのが無難です。

保険に勝る運用・資産形成法は？

運用・資産形成目的で案内される保険の大半が検討に値しない場合、代案はあるのでしょうか。

1 確定拠出年金

まず、老後資金に関しては、「個人年金保険」のページで触れたように「確定拠出年金」を優先することがもっともよいと考えます。

2 つみたてNISA

次に、「つみたてＮＩＳＡ」も利用するといいと思います。税制面で優遇されているからです。しかも、保険の貯蓄商品と違って低コストの商品を選ぶことができます。保険とは手数料率の桁《けた》が違うのです。

確定拠出年金同様、少し勉強する必要がありますが、良書を2〜3冊も読めば十分です。老後が長くなることを前提とすると、たとえば60歳からでも始めたいところです。

③個人向け国債

投資や運用にはどうしても馴染《なじ》めないというひとは、「個人向け国債」を買うといいでしょう。円建ての保険では、保険会社に仲介料を払って国債で運用してもらうようなことになるのですから、自分で直接、国債を買うほうが有利に違いありません。

具体的には、「個人向け国債　変動10（変動金利型10年満期）」がいいでしょう。最低金利保証（0・05％）があり、購入から1年後以降は元本割れがなく、金利上昇にもある程度ついていくことができます。

保険会社のリスク管理に関わってきた専門家が、「法人でも（変動10を）買えると助かるのに……」と発言したこともあります。お金の運用にとくに興味が持てないひとなどは、個人向け国債変動10を買うくらいでいいのではないでしょうか。

4 じぶんの積立

保険商品のなかで、例外的に利用価値があると感じるのは、明治安田生命の「じぶんの積立」です。元本割れ期間がないので、生命保険料控除による税負担軽減効果だけを狙《ねら》って加入する手があると思います。

5年間保険料を払い、さらに5年後まで据え置くと、満期金額は保険料総額に対し103%です。ただし、同社にとって収益性が高い商品ではないだけに、顧客リストに乗ったが最後、ほかの商品への加入も強くすすめられる可能性が高いかもしれません。筆者としては、営業担当者との接点を増やすリスクのほうを重視したいと思います。

トンチン年金の可能性

人生100年時代において、民間の保険商品で進化が期待されるのは、いわゆる「トンチン年金」でしょう。

たとえば、日本生命は2016年に「長寿生存保険」を発売しています。136ページの表は、従来の「個人年金保険」と、年金総額10年分が保証されている男性の加入例を比較したものです。

30歳から加入する年金保険より、積立・運用期間が短い長寿生存保険の払戻率がわずかな

日本生命「長寿生存保険」の例（男性の場合）

	保険料 払込期間	保険料総額	年金総額	払戻率
長寿生存保険	50〜70歳	562万円	600万円	106.8%
年金保険	30〜60歳	685万円	720万円	105.1%

（日本生命HP「ご提案例」を基に筆者作成）

がら高くなっているのは、年金保険より死亡時や中途解約時の払戻金を低くすることで、保険料を抑えているからです。

このように、〝超〟長寿化を前提とした商品は他社も出しています。

太陽生命の「保険組曲Ｂｅｓｔ　１００歳時代年金」には、死亡保障がありません。同社のサイトでは、17世紀に死亡者の持ち分を生存者に移すことで、より多くの生存給付が行える仕組みを考案したトンティの名前を紹介し、従来の個人年金保険とはコンセプトが異なる「トンチン型年金」であると説明されています。

年金額を増やす工夫として方向性は正しいでしょう。しかし、いかにも中途半端《ちゅうとはんぱ》だとも感じます。たとえば、加入から20年後以降に、保険料総額を数％上回る払戻金がある商品にどれほどの魅力があるのか、疑問に思うのです。

保険会社だからできる提案を！

保険会社は、もっと保険ならではの仕組みで長寿に備える提案ができると思います。

左の表は、厚生労働省「第22回生命表」から抜粋《ばっすい》したものです。０歳時点で10万人の集団（男性）が60歳時には９万３０００人弱になり、１００歳まで生きるのは１６００人強です。

年齢ごとの生存者数（男性の場合）

年齢	10万人の集団における生存者数
60歳	92,646人
70歳	82,978人
85歳	45,194人
90歳	24,854人
95歳	8,628人
100歳	1,633人

（厚生労働省「第22回生命表」から筆者が抜粋し作成）

　そこで、たとえば60歳から70歳まで保険料を払い、年金は85歳から受け取る「長寿〝専用〟保険」があればどうでしょうか。死亡保障はもちろん、解約時の払戻金もゼロにします。

60歳時の生存者約９万３０００人が全員、毎月２万円を10年間積み立てると、70歳まで生きる約８万３０００人の分だけでも、積立金額は１９９２億円になります。そのお金がまったく運用されなくても、85歳時点での生存者数は４

万5000人強ですから、一人当たり240万円の積立金に対し、生存者に給付する年金の原資は440万円を超える計算になります。

金利や保険会社の運営費など、保険料設定に関わるもろもろの要素は無視した商品イメージに過ぎませんが、個人年金保険などとは比較にならない多額の給付が可能になることは理解しやすいでしょう。

元ネタは、ある損害保険会社の方から教えていただいた、米国の「Longevity Insurance（=長寿保険）」と呼ばれる商品です。パンフレットには85歳からの給付例が紹介され、「人生の晩年のためのセーフティーネット」といったコピーがつき、長寿者への給付が厚くなっています。

こうした商品を例示すると、「長生きしないと損！」と言うひともいます。保険会社のひとによると、金融庁の認可も取りにくいとのことです。中途解約時などに苦情が多発する可能性などが心配されているのでしょう。

そこは関係各位が、「貯蓄ではなく保険です」と周知徹底する努力をしたらいいと思います。やりがいもあるでしょう。言うまでもなく、保険のいいところは、「まとまっていないお金」で「まとまったお金」を用意できるところにあります。

たとえば、30歳の男性が毎月１３００円くらいの保険料を払うことで、10年間１０００万円の死亡保障を持てるのは、生存したひとに払い戻しされるお金がないからです。

加入者は、不測の事態に遭遇《そうぐう》したひとや家族を支える助け合いの仕組みであることを評価して、保険料を払うのです。保険で「自助努力」では難しい額のお金が用意できるのは、加入者同士による「相互扶助《そうごふじょ》」の仕組みだからなのです。

死亡保険について、「早死にしなければ損」ではなく、「掛け捨ての保険だから、低料金で大きな保障が持てる」と受け止められるのなら、思いがけず長生きするケース（＝不測の事態）に備える保険の仕組みにも納得がいくのではないでしょうか。

筆者は、限られた財源しか持たない個人として、想像以上に長くなりそうな人生の晩年におけるセーフティーネット作りには、助け合いの仕組みに参加するひとたちの積立金が（いい意味で）「掛け捨て」になる保険があっていいと思います。

国の制度をどう考えるか

ところで、国の年金制度については誤解が多いと感じます。まず「国はあてにならないから、民間の保険で備える」といった考え方です。誤解というより愚《おろ》かでしょう。

国のお金は国民から集めているのです。国の制度が立ち行かなくなるとしたら、その前に企業も国民の生活も破綻《はたん》しているはずです。

保険会社の場合、主に国債でお金を運用していますから、国債の価値がなくなるころにはやはり破綻する可能性大、ではないでしょうか。

次に、「世代による損得」を語ることも間違いです。個人が払う（公的）年金の保険料総額と見込みの受給額を比較して、「XX年生まれのひとまではプラスだが、それ以降の世代はマイナスになる」といった試算は、とても筋《すじ》が悪いと思います。

各自が、自分の老後のために自分の口座にお金を積み立てるような仕組みではなく、社会全体のリスクを減らすための助け合いの仕組みだからです。文字どおり「社会保険」なのです。たとえば、「XX年以降に生まれたひとは、掛け捨てのお金がふえるので不利だ」といった認識では笑われる、と考えたいところです。

公的年金制度がない状況を想像すると分かりやすいかもしれません。健康状態は良好でも、60歳を過ぎて働くところがなく、退職金や貯蓄も十分とは言いがたい親がいる場合、子供の負担が増える一方ではないでしょうか。

月々の親の生活費を肩代わりする場合と、年金保険料の出費とを比べると、どちらの負担が重くなりそうでしょうか。働き盛りの年代で、子育てをしながら親の面倒を見ると、自分のお金などまったく残らず、借金を抱えた状態で老後を迎えるケースなども考えられます。国税庁の「民間給与実態統計調査結果」（平成29年）によれば、男性で57・2％が年収500万円以下、女性では61・2％が300万円以下です。

30代で親が定年を迎え、その後40年ほど生きる場合、親を見送るころには70代になっている子供に、どれほどの自己資金が残っているだろうか？　などと想像してみたいのです。

ほかにも、現役世代が負担するお金が退職者の消費・購買力を支えていて、現役世代の収入源になっている、といった見方もあっていい気がします。たとえば平日の昼間に、保険相談や取材に対応するためにデパートやホテルのティールームを利用すると、高齢のお客様が目立ちます。

「このひとたちが、自宅で倹約するばかりだと、結果的にお店の従業員の給与などもカットされる？」といったことを考えさせられます。いろいろな場所でお金が回らなくなると、年金保険料負担は減っても、犯罪などが増えるかもしれません。

すると、危機回避や修復のためのコストが増大するはずです。それを負担するのは誰だろう、と思うのです。あるいは、年金を減らされたために健康を害する高齢者が増えると、健康保険の保険料引き上げにつながるかもしれません。

このように、いくつかのケースを想像するだけでも、個人単位での損得に一喜一憂《いっきいちゆう》するのではなく、複眼的な理解が必要だと感じます。

現状、国の年金制度についてもっとも欠けているのは、「長生きリスクに備えるための保険」という認識でしょう。健康保険についても同じかもしれません。年金の保険料も健康保険の保険料も、いわゆる「セーフティーネット」を支える仕組みに拠出するお金なのですから、個々に見た場合、プラスマイナスに差があって当然です。

筆者は、制度が健全に維持されることで、「社会が穏《おだ》やかに保たれる」点を高く評価します。保険料は「そのためのコスト」という認識です。いつの時代でも、その時々、穏やかであることが重要なので、数十年もの間に払い込む保険料と見込みの受給額の比較などに意味があるとは思えないのです。

なお、社会保険については「損得で語ってはいけない」と思っている筆者も、民間の保険については、あえて損得という言葉を使って「入るほど損」と伝えることにしています。

保険は相互扶助の仕組みであると説明されながら、契約に要するコストなどが高く、保険会社が荒稼ぎできる「不安産業」と化している感が強いからです。

「保険会社の内勤は他の業種より高収入であることが多いそんな『内勤天国』を支えるために、複雑で費用対効果が判然としない商品が売られている」

そんなふうに話す商品設計の専門家もいるのです。「一個人の見解ではないか」と言われればそのとおりですが、大手生保の営業部門で約10年を過ごした筆者には、「やはりそうか」と得心がいく話でもあるのです。

助け合いの仕組みという説明を「建て前」「きれいごと」に終わらせないためには、コストなどを厳しく問う「手強い消費者」が増える必要を感じます。そこで、最小限の利用を推奨している次第です。

年金の年齢による線引きへの疑問

一方で、公的保険への疑問もあります。民間の保険の活用法から見えてくることがあるのです。

生命保険の判断で大事なのは、お金の使い道ではなく、「金額の大きさ」で考えることです。しかも、お金の出どころも問わないことにしています。たとえば、入院費用は「医療保険」の給付金でしか賄《まかな》えない、といったことはないからです。給与でも預金でも、費用に相当する額のお金があればいいわけです。

年金制度も同じように考えられないでしょうか。現役世代でも無職の高齢者でも、お金の問題はお金があれば解決できるのですから、年齢による線引きを行い、ある年齢に達した時点から公的年金を給付するのは不自然だと感じるのです。

給与も退職金も年金も相続財産も、お金の出どころは関係ありません。潤沢なキャッシュフローや十分なストックのあるひとは、老後の生活資金も自腹で対応してもらうのが基本ではないでしょうか（もちろん、何をもって〝十分〟とするかは難しいのですが）。

保険料の徴収も、年齢による線引きはやめたほうがいいでしょう。高齢でも高収入のひとなどには、現役世代以上の負担を求めても構わないと思います。60歳や65歳以降、皆が皆お金に不自由するわけではないからです。

反面、誰がいつ健康を害するか分かりません。そもそも、いつまで長生きするのかは誰にも分かりません。どちらも「不測の事態」ですから、保険料負担が可能なひとたち全員で、同じ社会で暮らす全員を支えるのが理に適《かな》っていると思うのです。

結果的に給付を受けるひとは高齢者が多くなるとしても、高齢者のためにあるのではなく、『明日の自分』が助かる仕組み」だと納得がいくのではないでしょうか。

そんなわけで、今年60歳になる筆者が「自分のこと」として考えてみると、公的年金はあくまで老後の、しかも離職後の「所得補償〝保険〟」であってほしいと思います。

原稿を書いたり、一般のひとたちの保険相談に対応したりする筆者の業務は、体を酷使《こくし》するわけではありません。依頼がある限りは、仮に65歳になっても68歳になっても、極度の経済的弱者にはならないだろうと思うのです。

したがって、働ける間は公的年金の給付は不要です。保険業界の言葉でいうと、(給付金支払いの対象となる)保険事故に遭遇《そうぐう》していない状態だからです。

お金が欲しくないわけではありません。ただ、公的年金制度が「お金に困らないひとにまでお金を与える仕組み」である場合、そんな非合理的な仕組みを支えるための保険料を負担するのは気が進まないですし、税金の投入などはとんでもないといったことを思うのです。

その代わり、健康上の理由などでやむなく離職せざるをえない状態になっても(保険事故の発生です)、生活に困る場合のセーフティーネットがあると思えば、「働ける間は働こう。その後は国からの年金でしのげばいい」と心安らかでいられます。「働かなくてもお金(年金）がもらえる」のではなく、「働けなくなったら……」というのがポイントです。その年齢には当然、個人差があるでしょう。

それでも、たとえば70歳ではなく、65歳から年金を受け取るほうが「5年分も得だ」などとは考えにくいと思うのです。

本当の「自助努力」を考える

年金はあくまでも「保険」と認識したうえで、筆者は老後のための「自助努力」について、今以上の公的な支援もあるといいと思います。たとえば、将来の自分のための「積み立て」である「確定拠出年金」です。

年金制度が始まる直前、1960年の65歳男女の平均余命は、それぞれ11・62年、14・10年でした。それが2015年では、男性19・41年、女性24・24年になっています（厚生労働省「第22回生命表（平成27年）」「参考資料1」より）。

これだけ人生が長くなっているのですから、積立期間が60歳までなのは短いと思います。70歳くらいまで延ばすことを望みます。あわせて、リタイア後に受け取る公的年金の額も、受給開始が遅れるほど増額される仕組みが今以上に強化されるといいと思います。

近年、定年がない自営業者として実感するのは、「まだ働けるし、おそらく仕事を続けるほうが楽しい」ということです。金銭が絡《から》み、責任が生じることで得られる達成感がある、ストレスと隣り合わせだからこそ、ほかの時間で味わえる解放感も格別になる、と思うのです。筆者は、少なくともあと10年くらいは働きたいと思っています。

第5章　結局、「保険」をどうすればいいの？

今、検討に値する保険はどれ？

本書をここまでお読みになった読者のみなさまには、「そもそも、検討に値する保険は限られている」ということがご理解いただけたかと思います。すでにご加入中の保険については、「継続すべき契約は限られている」と言い換えることもできるでしょう。

あらためて保険加入（および継続）の是非を考える際には、次の４つのキーワードで優先順位を明らかにすることができます。

①緊急性　今日・明日にでも不測の事態が起こる
②重大性　自分では用意できない額のお金が必要になる
③経済合理性　安い保険料で大きな保障が持てる
④不確実性　契約内容が時代の変化に合わなくなる

左の図をご覧ください。結論から言うと、重要だと思われるのは、現役世代（とくに世帯主）の死亡や長期の就業不能状態に備える保険くらいです。子育て中でも、不測の事態はいつ起こるか分かりませんし、いざとなると公的な保障を受けられることを加味しても、教育

4つのキーワードで考える保険の必要性

	総合評価	緊急性	重大性	経済合理性	不確実性
現役世代の死亡	○	○	○	○	△
現役世代の就業不能	○	○	○	○	△
介護	×	×	△	×	△
がん	×	×	△	×	△
医療	×	×	×	×	△
貯蓄	×	×	×	×	△

費なども含む生活費として、1000万円単位のお金が必要になる可能性があるからです。

しかも発生する確率が低いので、安い保険料で大きな保障を持つことができます。緊急性・重大性・経済合理性の3点が、いずれも保険の仕組みに馴染《なじ》むのです。

ただし、契約時に保障額などが決まっているため、社会保障制度や貨幣価値の変動といった環境変化には弱いという「不確実性」の問題は残ります。それは、長期にわたる契約であることが多い大半の保険に共通しています。

介護やがんは、一般に老後に発生しがちな事態であることから、資金準備の時間がそれなりにあると考え、緊急性は×にしています。重大性の評価は、必要になるお金が世帯主の死亡時などよりは小さく、短期入院などより高額になることから△にしています。経済合理性が×なのは、老後に増加する事態に一生涯の保障がある保険で備えると、保険料が高くなるからです。

医療保険は、健康保険の高額療養費制度で自己負担には上限がありますし、民間の保険で一生涯の保障を持つ場合、保険料負担の総額は軽視できない金額になるので、3項目とも×です。

それから貯蓄商品は、大金を用意するまでに時間がかかるため、重大かつ緊急な事態への備えには向きません。また、手数料が高い保険商品での貯蓄は効率が悪いので、不確実性以外×にしています。

さらに強調したいのは、今、一般に販売されている商品のうち、検討に値《あたい》する保険が限られていることに加え、「保険の使い勝手が良い時期」も限られている点です。

153ページの図のように、あらためて経済合理性と不確実性の2点から整理すると分かりやすいでしょう。中高年以降に手厚い保障を求めると、発生頻度が高い事態に備えることになり、経済合理性は下がってしまいます。

かといって保険料を抑えるべく、若いころから老後に備えるとしても、今度は不確実性が高まってしまうのです。結局、保険は、現役世代が緊急・重大な事態への備えのために期間限定で利用するのが賢明なのです。

加入年齢と保険の利用価値

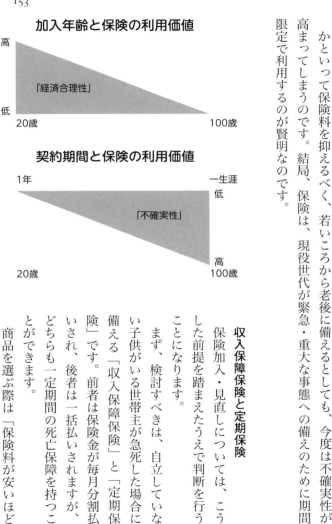

契約期間と保険の利用価値

収入保障保険と定期保険

保険加入・見直しについては、こうした前提を踏まえたうえで判断を行うことになります。

まず、検討すべきは、自立していない子供がいる世帯主が急死した場合に備える「収入保障保険」と「定期保険」です。前者は保険金が毎月分割払いされ、後者は一括払いされますが、どちらも一定期間の死亡保障を持つことができます。

商品を選ぶ際は「保険料が安いほど

よい」と判断して構いません。営業担当者や代理店によるコンサルティングやアフターフォローの価値を説《と》く業界関係者もいますが、個人差が大きくアテにならないと認識しておいたほうが無難です（相談相手については、後述します）。

具体的には、以下のとおりです。

●アクサダイレクト生命の「収入保障2」「定期保険2」

まずは、こちらから参照するといいと思います。業界最安水準ですし、ネットで試算ができるからです。

試算した保険料を指標として、保険ショップなどに「もっと安い商品があれば加入したい。また、特約は一切不要」と提案を求めたらいいでしょう。

おそらく収入保障保険は、

●損保ジャパン日本興亜ひまわり生命の「じぶんと家族のお守り」

など、損保系の会社の商品が比較対象になると思います。特約を付加しないのは、先の４つのキーワードから、「一定期間の死亡保障だけは必要」と判断したからです。加入を前提にすると、そのほかの保障も足し算しがちになりますから気をつけましょう。

定期保険は、

●チューリッヒ生命の「定期保険プレミアム」

●ライフネット生命の「かぞくへの保険」

などと比較することになるでしょう。

また、入院保障とセットになり、（病気の場合）死亡保障額も８００万円が上限ですが、年齢によっては、

●都道府県民共済の総合保障型

に加入するほうが、料金負担を抑えられるケースもあるかもしれません。
さらに、大手企業などに勤務している会社員の場合、

●勤務先で加入できる「団体定期保険」

が、最安かもしれません。同じ保険金額を維持する場合、5歳刻《きざ》みくらいで保険料が上がることを懸念するひとがいますが、子供の成長に合わせて保険金額を減額していくと、大幅な保険料の上昇は避けられます。

死亡保険金はいくらにするか？

死亡保険金の決め方にも触れておきます。まずは国の「遺族年金」を確認しましょう。157〜158ページの図表をご覧ください。たとえば、子供が1人いる会社員の場合、子供が18歳になるまで、年間130万〜180万円程度の給付が受けられます。

また、勤務先の保障制度の確認も不可欠です。弔《ちょう》慰《い》金《きん》規定により、社員（この場合、世帯主です）に万が一のことがあった場合、一定期間、子供に月額十数万円の「育英年金」が支払われるような会社もあります。国の遺族年金や自己資金と合わせると、民間の保険の必

遺族年金額の試算(2018年度)

- 年金額は2018年度の概算
- 厚生年金の被保険者期間をすべて2003年4月以降として試算
- 厚生年金の被保険者期間を25年(300月)未満として試算
- 子どもは高校卒業(18歳の年度の3月末日)までの人数
- 妻(女性)が亡くなった場合の遺族基礎年金は2014年4月から対象
- これまでの年収の平均が800万円以上のケースで、月給と賞与の組み合わせにより遺族(厚生)年金額は増える

■男性会社員(厚生年金の被保険者)

月額(万円)

これまでの年収の平均	妻のみ(※1)	妻のみ 妻が40歳以上65歳まで	妻と子ども1人	妻と子ども2人	妻と子ども3人	末子が高校卒業後(※2)妻が65歳まで	妻65歳以降(※3)
300万円	2.7	7.6	11.1	12.9	13.6	7.6	2.7
400万円	3.6	8.5	12.0	13.8	14.5	8.5	3.6
500万円	4.5	9.4	12.9	14.7	15.3	9.4	4.5
600万円	5.4	10.3	13.8	15.6	16.2	10.3	5.4
700万円	6.3	11.2	14.7	16.5	17.1	11.2	6.3
800万円	6.7	11.6	15.0	16.9	17.5	11.6	6.7
900万円	6.7	11.6	15.0	16.9	17.5	11.6	6.7
1000万円	6.7	11.6	15.0	16.9	17.5	11.6	6.7

※1 子どものいない30歳未満の妻の場合、遺族厚生年金の受け取れる期間は5年間に限られる。
※2 妻が40歳以上で子どもが18歳の年度の3月末日を超え、その4月以降。
※3 妻が受給する老齢厚生年金があれば調整される。

■男性自営業者(国民年金の被保険者)

月額(万円)

これまでの年収の平均	妻のみ	妻と子ども1人	妻と子ども2人	妻と子ども3人
年収要件無し	—	8.4	10.2	10.9

※寡婦年金または死亡一時金が該当する場合もある。

■女性会社員（厚生年金の被保険者）

月額（万円）

これまでの年収の平均	夫のみ（※4）	夫と子ども1人	夫と子ども2人	夫と子ども3人
300万円	—	11.1	12.9	13.6
400万円	—	12.0	13.8	14.5
500万円	—	12.9	14.7	15.3
600万円	—	13.8	15.6	16.2
700万円	—	14.7	16.5	17.1
800万円	—	15.0	16.9	17.5
900万円	—	15.0	16.9	17.5
1000万円	—	15.0	16.9	17.5

※4 夫が55歳以上の場合に限り、60歳以降に対象となる。

■女性自営業者（国民年金の被保険者）

月額（万円）

これまでの年収の平均	夫のみ	夫と子ども1人	夫と子ども2人	夫と子ども3人
年収要件無し	—	8.4	10.2	10.9

※死亡一時金が該当する場合もある。

■母子家庭・父子家庭（厚生年金の被保険者）

月額（万円）

これまでの年収の平均	子ども1人	子ども2人	子ども3人
300万円	9.2	11.1	13.6
400万円	10.1	12.0	14.5
500万円	11.0	12.9	15.3
600万円	11.9	13.8	16.2
700万円	12.8	14.7	17.1
800万円	13.2	15.0	17.5
900万円	13.2	15.0	17.5
1000万円	13.2	15.0	17.5

■母子家庭・父子家庭（国民年金の被保険者）

月額（万円）

これまでの年収の平均	子ども1人	子ども2人	子ども3人
年収要件無し	6.5	8.4	10.2

※死亡一時金が該当する場合もある。

要性がないと思われるケースもあるのです。

さらに、自己資金の再確認も必要です。たとえば、学生時代に親がお金を払って加入した保険を解約すると、数百万円のお金が払い戻されるような場合、死亡保障の額も相応に減らせるからです。

つまり、民間の保険で用意すべきお金は、「必要と考える保障額－遺族年金－勤務先の保障－広義の自己資金」となります。

「必要保障額」と書かず、「必要と考える保障額」としたのは、遺族に残したいお金の額・望ましいと思える生活水準などは、各人各様に違いがあるからです。

これまで「遺族の生活費は、従前の7割とし、子供が自立した後は5割とする」といった試算例を見てきましたが、7割や5割の根拠を論理的に説明できるひとはいないと思います。各自が自分で決めて、家族に納得してもらうことが大事なのではないでしょうか。

仮に0歳児の子供が1人いて、遺族年金が月額約12万円、勤務先の保障も自己資金もない35歳の世帯主（男性）がいるとします。

「自分が死んでも、月収30万円あれば何とかなる。子供が学校に行くころには妻が働くこともできる」と思えるなら、月額18万円が20年間給付される「収入保障保険」に入ると、遺族年金がある18年間は月収30万円、その後の2年間は月収18万円を見込めます。相対的に保険料が安いと思える会社の例で、保険料は約3600円です。

あるいは、この世帯主の男性が、「自分の死後2～3年、家族がお金の心配をしないで済めばいい。その間に次の人生について方策を考えられるだろう。遺族年金と保険金だけで何もしないで生きていける人生というのは、なんだか不自然ではないか……」と思う場合、たとえば向こう10年間、万が一の時に1000万円が支払われる「定期保険」を利用する手もあります。その場合、保険料は約1400円です。

保障が続いている10年の間に配偶者が働くようになっていれば、その時の収入や貯蓄などに応じ、世帯主の万が一に備えたい保険金の額も変わっているかもしれません。したがって、「とりあえず10年」保障を持っておくという選択肢もあっていいだろうと考えるわけです。

もちろん、10年間、何事もなかった場合、加入中の保険を更新すると、加齢の分、保険料は上がるでしょう。とはいえ、先の男性の例に当てはめれば約2800円です。現時点で20年間の保障を決めるより、その後の家計の状況などを反映した選択が可能になる利点もある、という見方もできるでしょう。本当に考え方次第なのです。

一方、より慎重な選択もあると思います。第一子誕生後に子供が増える可能性や、世帯主の健康状態が悪化し、保障を増額できなくなる可能性、増税などで手取りが減る可能性などを想像してみるのです。すると、向こう10年や20年ではなく、60歳までの25年間、保険金だけで月収30万円くらい確保しておこう、となるかもしれません。

その場合、保険料は８０００円くらいになります。

さらに、これからは65歳までは働くことになるだろう、と想像し、65歳まで月額30万円の保障が続くプランを選ぶと、保険料は1万円を超えることもあります。

このように、保障を手厚くするにつれて保険料負担は大きくなりますから、どこかで線を引く必要があるはずです。その一線の引き方について、世帯主自身の言葉で家族に伝えられることが大切だと筆者は考えます。

すでに世帯主の死亡時に備える保険に加入中の方は、保障額と期間を再考します。より安く加入できる保険があれば、「入り直し」も検討に値します。会社によって保険料に差がありますし、長寿化（死亡率の低下）の影響で、近年保険料が安くなっているため、年齢によっては現時点での加入のほうが数年前より安いこともあるからです。

入り直す場合も、先に挙げた商品から選ぶといいはずです。

就業不能保険はどうする?

世帯主ばかりではなく、単身のひとも検討に値するのが、病気やケガで長期間、仕事ができなくなった場合の収入を補塡《ほてん》する「就業不能保険」です。

ただし、会社員には「がん保険」の章で触れたように、最長1年半の休業補償があります。健康保険の「傷病《しょうびょう》手当金」です。勤務先によっては「付加給付」があり、最長3年間、標準報酬日額の8割が補塡されるような企業もあるのです。

全国健康保険協会(協会けんぽ)の現金給付受給者状況調査(平成28年度)第一部傷病手当金の概要を見ると、平均支給期間は164・68日、傷病別でもっとも長い「精神及び行動の障害」で216・47日となっています(精神及び行動の障害は、給付事由の割合でも27・6%で1位です。ちなみに2位はがんで、19・75%です)。

したがって会社員の場合、たとえば高額のローンを抱えていて、休業時にあっても従来どおりの収入を維持しなければならないひとなどを除くと、「就業不能保険」加入は必須ではないかもしれません。

一方、前述のとおり、自営業者などが加入する国民健康保険には傷病手当金がありませんから、相対的に就業不能保険の必要性は高くなるでしょう。

具体的な商品としては、

●アクサダイレクトの「働けないときの安心」

がいいと思います。通算18回という限度はあるものの、精神疾患《しっかん》にも対応している保障内容と保険料のバランスを評価します。

とは言いながら、「自営業者」である筆者は未加入です。蓄《たくわ》えも十分とはいえませんが、確率と保険料負担を考えてのことです。

そもそも、協会けんぽの調査から、被保険者数に占める受給者数の割合を推計すると１％弱です。１％弱の確率のなかで、受給が長期化するひとの割合はさらに限られるわけです。

これに対し保険料は、60歳から70歳まで20万円の給付金を確保する場合、毎月９３００円、10年で軽く１００万円を超えます。したがって長い老後を考えれば、自営業者は「個人型確定拠出年金」や、個人事業主や小さい法人の経営者、役員が廃業したり退職した後の生活資金を積み立てられる制度である「小規模企業共済」(http://www.smrj.go.jp/kyosai/

skyosai/）を利用したり、その掛け金をふやすといった選択をするほうが、自分のためになると考えます。

老後、何事もなく過ごす日々にもお金にかかるからです。筆者がもっとも恐れるのは、健康であるにもかかわらず、仕事の依頼がなくなる日なのです。

県民共済とコープは安くて充実

その他の保障に関しては、

●都道府県民共済の「入院保障２型」と「新がん１型特約」

が有力だろうと思います。死亡や就業不能に備える以外の保障は、「都道府県民共済で一定期間の保障を持つくらいでいいのではないか」というのは、筆者二人の共通認識でもあります。

何度も触れたように、一生涯の保障を持つのは合理的ではありません。老後は「健康保険」が一番です。したがって、「『医療保険』や『がん保険』などに加入するとしたら……」と考えると、低負担でそれなりの保障が持てる共済がいい、という結論になるのです。

仮に死亡保障が不要な単身者であれば、「入院保障2型」に加入すると、60歳まで月々2000円で日額1万円その他の保障を持つことができます。これに「新がん1型特約」を1000円で付加すると、診断時に50万円、入院日額5000円の保障も持てます。「がん保険」の章で述べたように、がん治療にかかる費用でも50万円程度ですから、計3000円で「悪くない」と思われる保障が持てるのです。都道府県民共済では、決算時に剰余金の相当部分を払い戻しする割戻金もあり、近年の割戻率は30％程度ですから、実質的な負担は2000円強で済みます。

また、これまでは掛け金据え置きのまま、給付額を上げるような保障内容の改訂を行った際、既加入者にも自動的に適用する、希望する加入者（一部の条件付き契約を除く）に対して改訂時の一定期間、無審査で新たな保障への移行を受け付ける、といった対応も行われています。今後のことは不明ですが、生命保険会社では行っていない良心的な措置だと思います。

介護に関しても、現役世代が「目先の稀《まれ》な事態」に備える場合は、安い料金負担でそれなりの保障が持てます。たとえば、

●コープの介護保険

がそうです。40～69歳までのひとが加入対象で、介護一時金500万円コースの場合、たとえば50～54歳の保険料は月額480円、55～59歳でも930円です。

どうしても民間の介護保険に入りたいひとは、現役の間に限り、このような保険に加入し、保険料負担を抑えるのが賢明だと思います。

最後に、検討に値すると考えられるのは、「相続対策のための終身保険」です。

たとえば、相続税支払い額に合わせた死亡保険金額の設定ができますし、不動産など分割が難しい資産を相続できる者が複数名いる場合、不動産を相続しない者を保険金受取人とすることで、いわゆる〝争〟族を避けることもできます。

ただし、保険加入はあくまで、数ある相続対策のうちの一つです。営業担当者や代理店による提案例を見ると、相続財産の評価額なども未確認のまま高額な保険への加入をすすめていることが珍しくありません。

「ある銀行の窓口で保険金額が5億円の終身保険を提案され、会計士に相談したところ、保険で用意する必要があったのは500万円だった」というひともいるのです。

相続対策に関しては、保険加入を検討する前に複数の専門家に相談したほうがいい、と断言しておきます。

貯蓄・運用目的の保険はいらない

貯蓄や運用目的で加入中の保険についても、新規に加入を検討すべき商品はありません。

現在加入中の保険については、「今後、お金がふえやすい契約」のみ継続することにします。大事なのは、「これまで払った保険料」と「現時点で払い戻しされるお金」を比べ、マイナスが生じている場合、「元が取れるまで契約を継続しよう」と考えないことです。

数年前、年間保険料が約500万円（！）の「終身保険」に加入している方とお会いしたことがあります。その時点で解約すると190万円弱の払い戻ししかなかったため、「元が取れる9年後まで保険料を払い続けたい」とのことでした。

300万円超のマイナスが生じる主な理由は、契約した年度に発生する代理店手数料が年間保険料の数十％にも達していたからでした。初年度の保険料の大半が積み立て・運用に回らないため、払戻金が少ないのです。

手数料はすでに他人の口座に入ってしまっていますから、取り戻せるはずがありません。しかしこの方は、「あと9年、頑張る」と譲《ゆず》りません。「9年以内にいつ解約しても損が出る契約」に、毎年500万円を使うことにしたいというわけです。仮に9年後に差し引きゼロになっても、「痛み分け」どころか実質的には大敗だろうと思われます。

聡明な方でしたが、

「手数料のことを知ると、今すぐ解約したほうがいいと理解できます。ただ、今日は保留します。先送りしても何もいいことはないと分かっているのに、気が済まないのです」

と言われたのが忘れられません。

ひとの非合理性に焦点を当てている「行動経済学」では、ひとは利得より損失に2〜3倍強く反応するという研究結果が発表されています。筆者も二十数年間、たくさんの一般のお客様と接してきましたが、その経験から、「悔《くや》しさはひとの判断を変えてしまう」と認識しています。「損失を認めたくない」という思いは、お金の問題を正しく扱うことより優先されやすいのです。

そこで、判断基準を「これからのお金のふえ方」一つにするのです。ヒントになったのは、ある投資運用会社の方の言葉でした。

「株の買値がいくらだったかというのが、『もっともいらない情報』」
「お金をふやしたくて株を買ったのであれば、株価がこれから上がると思われる株を持ち続け、下がると思う株は売る。『いくらで買ったか』は、判断を邪魔する情報でしかない」

たしかに、買値を基準にすると、上がる見込みがない株も元が取れるまで持っておきたくなりそうです。「今後の判断を行う際、買値は関係ない」という認識は、「損失を確定しないこと」「気が済むこと」が優先される傾向への警戒心から発せられていると思うのです。

もとより、貯蓄性が語られる保険は、リスクに備えるためのお金をふやすために加入したものであるはずです。「これから保険料を払い続けるか否か」は、「これからお金がふえやすいか否か」で決めるよりないはずなのです。したがって、提案書や保険証券で、この先数年でも元本割れが続くことが分かるような契約は、解約するのが「正しい選択」です。

なお、解約時に払い戻しされるお金をすぐに使う予定がない場合など、「払済《はらいずみ》」という選択もあります。保険料の払い込みをやめ、その時点で積み立てられているお金に相当する保険金額に縮小された契約を残すのです（保険の種類や加入後の経過年数などにより、払済にできる保険とそうでない保険があります)。

仮の数字ですが、1000万円の保障が一生涯続く終身保険の契約で、積立金が250万円ある場合、払済にすると、保険金額が300万円に下がった状態で保障が継続するイメージです。そして、その後はいつ解約しても、250万円に若干の利息が付いたお金が払い戻しされるのです。

また、手続きとしては、保険会社のコールセンターに連絡し、所定の書類の提出などを行う程度です。

外貨建て保険の場合、実際の金額は為替により変動しますが、外貨ベースでは減らないことになりますから、円安になるタイミングを待つこともできます。「払済」は、覚えておいていただきたい選択肢です。

本章の冒頭に挙げた4つのキーワードから、(入り直しも含む)保険の見直しを行うと、総じて家計の負担はかなりの程度、軽減されるはずです。とくに国内大手生保の、死亡保障に複数の特約を付加した「パッケージ型商品」に加入中のひとは効果が大きいでしょう。

また、外資系・損保系の営業担当者や保険ショップなどの提案で、老後資金準備も兼ねた終身保険・養老保険などをベースに複数の掛け捨ての保険を上乗せしているひとにも、多大な効果があると思います。

見直しの際、たとえば中高年のひとが、がんや三大疾病《しっぺい》などに備える保険を解約するのはためらわれるかもしれません。しかし、今後も元本割れが続く「終身保険」を解約したら、がん診断一時金の給付額数回分のお金が払い戻されるようなこともあるのです（筆者はこれを、お客様が気づいていない「埋蔵金」と呼んでいます）。

「すでにあるお金」を保険で用意しようとするのは、控えたほうがいいのです。

保険は誰に相談したらいいの？

加入中の保険の見直しについては、「考え方は分かっても、独力では難しい」と感じるひとが多いと思います。では、いったい誰に相談したらいいのでしょうか。

まず、保険会社の営業担当者、保険ショップも含む保険代理店、銀行や郵便局の窓口のひとたちに頼らないことをおすすめします。顧客と保険商品の販売手数料を重要な収入源としているひとたちとは、あらかじめ「利益相反《そうはん》」の関係だからです。

一般に、保険会社の営業担当者や代理店は、新契約獲得に報酬が大きく左右されます。彼らは「必要最小限の保険加入にとどめましょう」とは言いにくい立場なのです。

同様に、銀行や郵便局の窓口も要注意です。保険販売に関わっている限り、顧客の保険料負担を極力減らす方向での助言を続けると、自分で自分の首を絞《し》めることになるからです。

そんなわけで、「保険販売による手数料を得ていない有識者」に有料で相談するのがいいと思います。代理店などに顧客を紹介して謝礼を受け取っているようなひとも避けましょう。

保険の有料相談は、筆者（U）の収入源でもありますから、書籍を広告代わりにしている可能性を疑ってもらって構いません。もとより、有料相談が最善だと認識しているわけでもないのです。

たとえば、個別の商品知識などは、特定の保険会社に所属する営業担当者のほうが詳《くわ》しい可能性大です。複数社にまたがる商品知識では、乗り合い代理店のひとが豊富なことが多いでしょう。

さらに、有料相談では相談料の発生が確実なのに対し、料金相応の「納得感」が得られるかどうか事前に分からない、といった問題もあります（ちなみに筆者の場合は、1時間1万円をいただいています）。

それでも、有料相談をおすすめしたいのは、どう考えても無料相談より無難だろうと思えるからです。相談が無料の場合、慈善事業でもない限り、相談する相手側は販売手数料稼ぎに強い動機を持たざるをえません。

実際、保険ショップなどに出向き、困惑しているひとたちにお会いするのはよくあることです。話を聞くと、「加入中の保険について、いろいろな案を出してもらえたものの、保険料負担は今までと同じくらいか、増えた」などと言うのです。

逆に「大幅に保険料負担が減った」と言うひとにお会いしたことはありません。もちろん、保険料負担が減ったひとは有料相談に行く必要もなくなるのだ、と想像することもできます。

しかし、代理店などは、お客様の保険料負担が増えるほど潤《うるお》う立場です。たとえば、子育てが終わったひとの死亡保障が減らせる場合、今後の医療保障の充実や老後資金準備の必要性を語り、ほかの保険をすすめるため、保険料負担は従来以上に増えるようなことにもなる、そういうビジネスモデルなのだ――と見るのが自然ではないでしょうか。

気をつけたい「独立系ＦＰ」

有料相談でとくに気をつけてほしいのは、各種媒体で「独立系ＦＰ」と紹介されることがあるファイナンシャルプランナーの存在です。

マスメディアでの露出が多く、認知度が高いＦＰでも、保険代理店業務で稼《かせ》いでいることは珍しくありません。独立系ではなく「販売系FP」とでも呼ぶほうがふさわしいのです。たとえば、一般の方が老後のための資産形成を考えるのであれば、現時点では、手数料がごく低く、掛け金の全額が所得控除の対象になる「個人型確定拠出年金（iDeCo）」に勝るものはありません。

ところが筆者（U）は、著名なFPが、この老後資金準備に最優先で利用したい「確定拠出年金」についてまったく触れることなく、販売手数料が高い「外貨建て保険」や「変額保険」での資産形成を促《うなが》している例などを少なからず見ています。なかには、勤務先の健康保険に「付加給付」があり、1ヵ月の医療費の自己負担が2万円で済むひとにまで「医療保険」への加入をすすめていたりするFPもいるのです。

いずれも、セカンドオピニオンを求めるお客様から確認したことです。

ファイナンシャルプランナーの資格を持っているから、また、特定の金融機関に所属していないからといって、「まっとうな助言」を受けられるとは限らないことを強調しておきます。何をもって「まっとうな助言」とするのかは意見が分かれるとしても、相談相手の「収入源」を重視してほしいと思います。少なくとも販売促進につながる情報は、無料で大量に入手できる環境があるからです。

何度でも言いますが、保険は「お金でお金を用意する手段」です。その際発生する販売手数料等の費用が多くなるほど、利用者に還元されるお金は少なくなり、商品やサービスの品質は下がるのです。

一方で、販売側の収益は増えます（貯蓄商品の元本割れの理由を思い出してください）。読者のみなさんには、販売に関わるひとたちからの情報提供が、誰のために、どんな目的で行われやすいだろうかと、「大人の常識」で繰り返し疑ってほしいと思います。

終　章　保険はあなたの人生を保障してはくれない

保険会社の社員と定年後の保険

過日、ある保険会社の方から、「定年退職の時期が迫《せま》っているので、今後の保険について相談したい」という依頼がありました。しかし、ほとんど助言の必要を感じませんでした。以下、お客様の言葉を要約してお伝えします。

私見ですが、保険は「自分一人では背負《せお》いきれないリスク」に備えるために利用するものだと考えています。一般的には、

①子供が成人するまで、親の死亡に備える。その際、保険料が安い「団体定期保険」や「都道府県民共済」などから検討する。
②住宅ローンを組む時には「団体信用生命保険」に入る。それまでに入っていた死亡保険がある場合、住居費を賄《まかな》う必要がなくなるので、相当額を減額する。
③病気やケガで長期間、会社を休職するようなリスクを重視するなら、「長期所得補償保険」や「就業不能保険」に加入する。

保険会社に勤務してきた私自身は、会社の団体定期保険で子供が成人するまで最大4000万円の保障を確保していましたが、今は300万円にまで減額しています。長期所得補償保険は、健康保険の「傷病《しょうびょう》手当金」で1年半の休業補償があることから、未加入のまま今日に至っています。

「がん保険」「医療保険」には加入していません。健康保険の高額療養費制度で医療費の負担には上限がありますから、限度額までのお金を自己負担するほうが合理的だと考えているのです。「介護保険」も、公的な保険での備えが基本だと認識していて、未加入です。

また、保険での貯蓄は考えなくていいと思っています。「自分一人では背負うことができない額」のお金をすぐに貯蓄できるわけがありません（笑）。だから、保険に入るのです。ただ、貯蓄商品に加入すると会社から補助金が出た時代があり、その期間だけは貯蓄商品を利用していました。

これからは、葬式代くらいのお金もあるので、死亡保障も不要かと考えています。

この方の言葉に、保険の有料相談を生業《なりわい》とする筆者が補足したのは、「保険加入の必要性に関して言うと、相続対策に終身保険を使う可能性が考えられます」という一言くらいでした。

　もっとも印象的だったのは、お話のなかで「不安」という言葉が一度も出なかったことです。あくまで、保険を「緊急かつ重大な事態に限って利用したい手段」と見ているのです。

「都心に自社ビルがあります。管理部門の仕事が長かったので、（保険の）商品知識はあまりありませんが、ずいぶん会社にお金が残る仕組みなのだろうと認識しています。したがって、あれもこれもと保険に入るのは疑問です」

「退職金を保険で運用する気もありません。銀行のひとのアドバイスを聞くつもりもないです。窓口のひとが簡単にお金をふやせる方法を知っているのなら、会社員をやっているはずがないですよね」

　こんな話をされていかれたのが印象的でした。


　本人が自覚なさっているように、保険商品に関する知識は限られていました。保険について悩みや迷いがないため、さほど関心もないのでしょう。

　この方の一般のひとたちとの違いは、保険を見る際の「立ち位置」です。個人が抱えるもろもろの不安を起点とするのではなく、加入者が負担するお金の流れを俯瞰《ふかん》し、「保険会社の取り分が多い仕組み」と認識することで、必要最小限の利用にとどめることができているのです。

不安喚起・ニード喚起で買わせる

保険商品の販売側から行われる情報発信は、総じて「不安喚起《かんき》」から始まります（営業部門では「ニード喚起」と言うこともあります）。医療・がん・介護・年金などテーマはさまざまでも、金銭面での苦労・心労などに焦点が当てられます。

不安材料を提示され、浮き足立ったひとは保険加入に前のめりになりやすい、と考えられているのかもしれません。「（保険で）不安を安心に変える」といった論法が定着している感があるのは、販売側が大量の不安喚起情報を発信してきた努力の賜物《たまもの》ではないか、と思うのです。

筆者（U）も二十数年間、保険をテーマに多くのひとたちと接してきて、「不安や恐怖は、人の判断を狂わせる」と実感しています。

思い出すのは、何かの本で読んだ、ナチス・ドイツのナンバーツーだったヘルマン・ゲーリングの言葉です。「外国から攻撃される状況を語り、戦争に反対する者を『愛国心がない』と非難すると、戦争は簡単に起こせる」といった内容でした。話を大きくしたいのではありません。政治を語る気もありません。ただ、たやすく保険にも置き換えられそうなのが興味深いのです。

たとえば、身近に感じられるリスクを語り、保険での備えを疑問視するひとには、「愛する家族をリスクにさらしていいのでしょうか？」と問いかけると、保険加入の可能性は高まりそうに思えます。「人生１００年時代です」と切り出して、国の制度に関する不安を語り、「自助努力をしなくていいのでしょうか⁉」と問うのも、文脈としては同じでしょう。国家と家族では規模がまったく異なるものの、安全や安心を脅《おびや》かされる事態に関心が高まると、「個人の負担増」が不問に付されやすくなり、同調圧力が高まる点などが似ている、と感じるのです。

前出の保険会社で定年を迎えるという相談者の方の選択は、「心の動き（不安心理）」より「お金の動き（合理的な損得勘定）」に着眼することで行われています。不安材料の認識から保険を考える場合と間違いが少ないのはどちらでしょうか。数ある保険商品の使いこなし方を追究するのと、先に触れた3点くらいの活用にとどめるのとでは、どちらが実行しやすく、家計の改善に有効でしょうか。

読者のみなさんには、これからも折に触れて、本稿でご紹介した（筆者の助言が不要だった）相談事例に立ち返り、保険に関する情報や、それらを提供するひとたちとの程よい距離感を保っていただきたいと思います。

おわりに

序章で示したとおり、今40代、50代のひとの多くは、90歳まで生きることができますし、95歳も十分射程圏内です。とくに女性では、4人に1人ぐらいは100歳を迎えることができるでしょう。

そんな時代を生き抜くためには、頭のなかから「老後」という言葉を追い出す必要があります。

今は大半のひとが「定年後は老後」と思っているはずです。ところが65歳で会社をやめたとしても、その先まだ30年、40年も残っているのです。つまり、本当の意味での「第二の人生」が始まろうとしているわけです。逆に「定年＝老後」と本気で思っていたら、とんでもない誤算に陥《おちい》ってしまいます。

長い会社生活から解放されるのですから、定年後は悠々自適《ゆうゆうじてき》な人生を夢見るひとも多いことでしょう。しかし夢のような生活を手に入れるのは、決して簡単ではありません。大半のひとが、険しい現実に立ち向かうことになるはずです。経済的なことも含めて、第二の人生も自分で切り開いていくしかないのですから。

だからといって、本書で見てきたとおり、民間の保険はほとんどあてになりません。しかも若い世代は減っていきます。彼らにぶら下がるにも限界があります。とくに年金は、満額を死ぬまでもらい続けられるほど甘くはないはずです。実際、政府は「年金支給開始を70歳に引き上げよう」と言い出していますし、「75歳から」の声もチラホラ聞こえ始めています。最善の処方箋《しょほうせん》は、できるだけ長く働いて、自分で稼ぎ続けることに尽きます。若者たちから「高齢ニート」「老人ニート」などと嫌味を言われないためにも、働き続けることが大切です。

とはいえ、これから60代を迎えるひとの多くは、子育てが終わり、住宅ローンもほぼ終わっているはずです。現役時代と同じような金額を稼ぐ必要はありません。夫婦2人、貯金や退職金と、少ない年金と、あとは無理せずにできる仕事で小金を稼ぎながら、できるだけ長く楽しく暮らせるように工夫すればいいわけです。その意味で、今までよりもずっと気楽に生きていけるはずです。

筆者たちは今年60歳を迎えます。その一人（H・N）は私立大学の教授をしています。定年を迎えた後は、ひょっとすると「名誉教授」の称号がもらえるかもしれません。しかしそれを期待しているわけではありません。なにしろ「名誉教授」なんて、世の中に掃《は》いて捨てるほどいます。それに称号は1円も生み出しません。

そんなことよりも、学生たちのアルバイトを見習ったほうが現実的です。そのため最近では、研究室の学生たちに「どんなアルバイトをしているのか」「週何時間働いているのか」「時給はどのくらいか」「体力的・時間的な負担感はどのくらいか」といったことを、細かく聞くようにしています。

まあ、学生たちでも大変だと感じるような仕事は、さすがに私にはできそうにありません。でも、中高年以上でもできそうな仕事が、最近は徐々に増えてきたようです。社会も変わっていくのです。

これまでの社会地位がどうあれ、できそうな仕事なら何でもやってみようという気概こそ、第二の人生を乗り切るうえで大切なことだと思うのです。みなさんは元大学教授が作るハンバーガーとか、食べてみたいとは思いませんか。マスコミの世界に長くいたひとや、一流企業の元部長が、居酒屋で酎ハイを運んでいても構わないじゃないですか。

そして大切なのは、できるだけ長く働けるように、健康に気を配り、体力を維持していくことです。本書でお示ししたとおり、民間保険は当てにならず、かえって大切な資金をすってしまうことになりかねません。それよりは「第二の人生、張り切っていこう！」という前向きな気持ちを持つことのほうが、健康にもお財布にもいいに決まっています。

お互い、よりよい第二の人生を過ごせるようしたいものですね。

2019年2月

永田《ながた》 宏《ひろし》

後田 亨
オフィスバトン「保険相談室」代表。1959年生まれ。長崎大学経済学部卒業。アパレルメーカー勤務を経て日本生命に転職、営業職を約10年務める。その後、複数社の保険を扱う代理店に移る。2012年、営業マンと顧客の利益相反を問題視し独立。独自の視点から情報発信を続けている。『「保険のプロ」が生命保険に入らないもっともな理由』(青春新書プレイブックス)、『生命保険の罠』(講談社+α文庫)ほか、著書・メディア掲載多数。

永田 宏
1959年、東京都に生まれる。長浜バイオ大学メディカルバイオサイエンス学科教授・学科長。1985年、筑波大学理工学研究科修士課程修了(理学修士)。オリンパス光学工業株式会社(現・オリンパス株式会社)、株式会社KDDI研究所、鈴鹿医療科学大学医用工学部教授などを経て、2009年より現職。専門は医療情報学・医療経済学。2005年、東京医科歯科大学から博士(医学)を授与される。『販売員も知らない医療保険の確率』(光文社ペーパーバックスBusiness)など著書多数。

講談社+α《プラスアルファ》新書 375-2 C

いらない保険《ほけん》

生命保険会社が知られたくない「本当の話」

後田《うしろだ》 亨《とおる》 ©Tooru Ushiroda 2019
永田《ながた》 宏《ひろし》 ©Hiroshi Nagata 2019

2019年 3 月18日第 1 刷発行
2023年10月23日第12刷発行

発行者―――― 髙橋明男
発行所―――― 株式会社 講談社
東京都文京区音羽2-12-21 〒112-8001
電話 編集(03)5395-3522
販売(03)5395-4415
業務(03)5395-3615

デザイン―――― 鈴木成一デザイン室
カバー印刷―――― 共同印刷株式会社
印刷―――― 株式会社新藤慶昌堂
製本―――― 牧製本印刷株式会社
本文データ制作―― 講談社デジタル製作
本文図版―――― 朝日メディアインターナショナル株式会社

KODANSHA

ISBN978-4-06-515496-0

講談社＋α新書

歯は治療してはいけない！ あなたの人生を変える歯の新常識
田北行宏
歯が健康なら生涯で3000万円以上得!? 認知症や糖尿病も改善する実践的予防法を伝授！
840円 766-1 B

50歳からは「筋トレ」してはいけない 何歳でも動けるからだをつくる「骨呼吸エクササイズ」
勇﨑賀雄
人のからだの基本は筋肉ではなく骨。日常的に骨を鍛え若々しいからだを保つエクササイズ
880円 767-1 B

定年前にはじめる生前整理 人生後半が変わる4ステップ
古堅純子
「老後でいい！」と思ったら大間違い！ 今やると身も心もラクになる正しい生前整理の手順
800円 768-1 C

日本人が忘れた日本人の本質
山折哲雄 髙山文彦
「天皇退位問題」から「シン・ゴジラ」まで、宗教学者と作家が語る新しい「日本人原論」
860円 769-1 C

ふりがな付 山中伸弥先生に、人生とiPS細胞について聞いてみた
山中伸弥 聞き手・緑 慎也
テレビで紹介され大反響！ やさしい語り口で親子で読める、ノーベル賞受賞後初にして唯一の自伝
800円 770-1 B

結局、勝ち続けるアメリカ経済 一人負けする中国経済
武者陵司
2020年に日経平均4万円突破もある順風!! トランプ政権の中国封じ込めで変わる世界経済
840円 771-1 C

仕事消滅 AIの時代を生き抜くために、いま私たちにできること
鈴木貴博
人工知能で人間の大半は失業する。肉体労働でなく頭脳労働の職場で。それはどんな未来か？
840円 772-1 C

格差と階級の未来 超富裕層と新下流層しかいなくなる世界の生き抜き方
鈴木貴博
AIによる「仕事消滅」と「中流層消滅」から脱出する方法。誰もが資本家になる逆転の発想！
860円 772-2 C

病気を遠ざける！ 1日1回日光浴 日本人は知らないビタミンDの実力
斎藤糧三
紫外線はすごい！ アレルギーも癌も逃げ出す！ 驚きの免疫調整作用が最新研究で解明された
800円 773-1 B

ふしぎな総合商社
小林敬幸
名前はみんな知っていても、実際に何をしている会社か誰も知らない総合商社のホントの姿
840円 774-1 C

日本の正しい未来 世界一豊かになる条件
村上尚己
デフレは人の価値まで下落させる。成長不要論が日本をダメにする。経済の基本認識が激変！
800円 775-1 C